阪神タイガース
岡田監督は武田信玄タイプの采配！

プロ野球監督がもし戦国武将だったら

高木 豊、本郷和人

宝島社

はじめに

プロ野球と武将の共通項とは

兵法は「生き抜くための奥義」
采配は「勝ち抜くための奥義」

プロ野球は選手の活躍だけでなく、勝敗を左右する監督の采配、方針、戦術も妙技の一つ。阪神タイガース・岡田彰布監督は今季、どの場面で動くのか。オリックス・バファローズの中嶋聡監督が次に打ってくる奇策とは。監督の決断に我々は一喜一憂する。

1990年代にヤクルト黄金期を築いた野村克也監督は、選手たちに孫子の兵法を例に、物事の考え方を説いた。なぜ野村監督は「孫子の兵法」を引用したのだろうか。

兵法は戦に勝つ方法、もしくは平時の準備の指南書。戦は、小局的には生きるか死ぬか。大局的には国が滅びるか否か。究極の決断に必要な基準が凝縮されている。いわば、「生き抜くための奥義」だ。

武将は有事に備えて富国強兵に励み、善政を敷き、戦となれば小局、大局の存亡をかけて決断を下す。

プロ野球もまた戦である。監督は平時に兵を鍛え、時には手を差し伸べる。試合に負けるか勝つかは「有事」である。監督は勝つために決断を下していく。つまり、「生き抜くための奥義」を日々実践する点において、武将と監督には共通項があるのだ。

本書ではプロ野球解説者でありYouTuberの高木豊氏、歴史学者の本郷和人教授（東京大学史料編纂所教授）のコラボ対談を実施。野球と歴史の視点から、プロ野球の名将22人、12球団の監督の合計36人と武将たちの生涯を重ね合わせ、各監督を武将にたとえた。浮かび上がる監督の新たな一面を味わい、プロ野球観戦にさらなる楽しみ方が加われば幸いである。

2024年4月

宝島社書籍編集部

伊達政宗卿

★★★
巻頭対談
12球団監督分析

2024年ペナントレースが始まっている。プロ野球OBのYouTuberの先駆者で歴史好きの高木豊氏、歴史学者で野球ファンの本郷和人教授が〝プロ野球戦国時代〟を歴史にたとえて解説する。

虎の連覇か、新監督か――2024年に天下を獲る監督は誰だ!?

岡田監督は「武田信玄」、阿部慎之助は「徳川吉宗」?

阪神・岡田監督は「野球が深い」

本郷　僕は1970年ぐらいからメジャーリーグも、アマチュア野球もプロ野球も追ってきましたが、長年ベイスターズのファン。お会いできて光栄です。

まずは、昨年日本一となった阪神タイガース・岡田彰布監督。僕らから見ても岡田監督の野球は深

高木 豊（たかぎ・ゆたか）
1958年10月22日生まれ、山口県出身。多々良学園高校（現・高川学園高校）－中央大学。80年ドラフト3位で大洋入団。84年盗塁王。俊足選手「スーパーカートリオ」の1番打者として活躍。94年日本ハム移籍、同年引退。2001年横浜、04年アテネ五輪日本代表で内野守備走塁コーチ、12年DeNA一軍ヘッドコーチのほか、野球解説者、YouTuberとしても活躍。

Yutaka Takagi

い。知的な野球をされますよね。

高木　就任したばかりの昨春キャンプへ取材に行ったら、チームプレーの練習でグラウンドにものすごい緊張感が走っていました。一つ一つの動きをチェックしながら、ミスがないようにやっている。練習から綿密で、監督のもとへ行こうとしたら、あの明るい平田勝男ヘッドコーチが「（取材は）ちょっと待ってください」と。ほかのチームだとグラウンドにも、監督のところにもスッと入っていけますが、昨春の阪神は緊張感がハンパなかった。練習後になって、岡田監督と話ができましたね。

本郷　岡田監督は早稲田大学出身で、東京六大学野球リーグで数々の記録をつくり、1979年ドラフト1位で阪神へ。ずっとエリート街道を走っていたイメージ。苦労された時期というと……。

高木　1994年にオリックス・ブルーウェーブ（現オリックス・バファローズ）へ移籍したときだと思います。阪神のスター選手がオリックスへ行く、という現象はありえないことでしたから。2005年に監督として阪神をリーグ優勝へ導きましたが、退任後約10年間は解説者を務めています。解説しながら、感じるところはあったでしょう。

　よく考えていらっしゃる監督だと思います。昨季の中日戦で、そんな場面がありました。阪神の攻撃で走者一、三塁。中日のベンチが「走ってくるぞ」と盛んに言っていたのですが、岡田監督は「こちらが1点取ったら勝てるのだから、そんなリスクを背負って走らせるわけがない」。中日・立浪和義監督はまだ読めていないと感じたそうです。

　阪神は昨季、先発投手のときはあまり走っていなかった。走るなら7〜9回。投手が打者、走者に向ける注意力の合計が「10」だとしたら、先発投手は打者に5、走者に5と同じ比率の注意力を払いますが、リリーフ投手にとって1失点は致命的なので、打者に8、走者に2になる。そこにスキができるから終盤に走るわけです。こういう話一つ取っても、岡田監督は深いですよね。

本郷　岡田監督は昨季、打順の固定とコンバートを行った。それで1年間使い続けた理由は責任感を持たせるためだったのですか。

高木　そういう意味合いもあったと思います。佐藤輝明選手を二軍に行かせたことも含めて、普通の監督ならできないですよ。解説者時代に、遊撃手でベストナインの中野拓夢選手の送球を見て「なぜ二塁・中野、遊撃・木浪にしないのだろう」と見ていたそうです。

本郷　指揮官としてのイメージで試合を見ていたわけですね。

高木　解説者として一歩引いて試合を見てから現場に入ったときに、考えていたことを実現できる人とできない人がいる。そこは「非

一流の指揮官かどうかの分かれ目は「非情になれるか、なれないか」

本郷 和人（ほんごう・かずと）
1960年生まれ、東京都出身。東京大学史料編纂所教授。東京大学・同大学院で石井進氏・五味文彦氏に師事し日本中世史を学ぶ。史料編纂所で『大日本史料』第五編の編纂を担当。著書に『日本史のツボ』（文春新書）、『乱と変の日本史』（祥伝社新書）、『日本中世史最大の謎! 鎌倉13人衆の真実』（宝島社）、『恋愛の日本史』（宝島社新書）ほか多数。

Kazuto Hongo

◆12球団監督一覧◆

	23年順位	球団	監督	年齢	現役時代のドラフト	出身地	出身校
セ・リーグ	①	阪神	岡田彰布	66	1979年1位	大阪	北陽ー早稲田大学
	②	広島	新井貴浩	47	1998年6位	広島	広島工ー駒澤大学
	③	DeNA	三浦大輔	50	1991年6位	奈良	高田商
	④	巨人	阿部慎之助	45	2000年1位	千葉	安田学園ー中央大学
	⑤	ヤクルト	高津臣吾	55	1990年3位	広島	広島工ー亜細亜大学
	⑥	中日	立浪和義	54	1987年1位	大阪	ＰＬ学園
	23年順位	球団	監督	年齢	現役時代のドラフト	出身地	出身校
パ・リーグ	①	オリックス	中嶋聡	55	1986年3位	秋田	鷹巣農林
	②	ロッテ	吉井理人	58	1983年2位	和歌山	箕島
	③	ソフトバンク	小久保裕紀	52	1993年2位	和歌山	星林ー青山学院大
	④	楽天	今江敏晃	40	2001年3巡目	京都	ＰＬ学園
	⑤	西武	松井稼頭央	48	1993年3位	大阪	ＰＬ学園
	⑥	日本ハム	新庄剛志	52	1989年5位	福岡	西日本短大附

※年齢は開幕時、出身校はプロ入り前

情になれるか、なれないか」。

本郷　そうすると、岡田監督はやはり一流ですよね。

高木　岡田監督は兵の足並みがそろわないことを嫌うと思います。ここでどうすればチームにとってプラスに働くのか、を選手が判断できるかどうかを見ていますよね。

　たとえば無死一、二塁のときに右前へ打てればいいけれど、打てなかったとしても一、二塁間へゴロを打って、最悪でも走者を三塁に進めることができるか。

孫子にも信玄にも通ずる岡田監督の頭脳

本郷　岡田監督は、相手の心理を読み取って戦うそうですね。

高木　それにはまず、「己を知っている」ことが大切です。昨年6月4日の交流戦、佐々木朗希投手が先発した千葉ロッテマリーンズ戦で勝利を収めました。5回まで無安打でしたが、6回に四球で出塁した中野選手が二盗、そして暴投で1死三塁として、大山悠輔選手の右前タイムリーで勝ったんですよ。あの戦いぶりは本当に見事でした。

本郷　佐々木投手を打ち崩すのは難しいなかで、確実に走者を進めての勝利。「己を知っている」という点で言えば、「彼を知り己を知れば百戦殆《あやう》からず」なので、岡田監督は孫子にも通ずるところがある。もうすべての源みたいな存在に感じます。

高木　日本シリーズでは第4戦、同点の8回2死一、三塁で6月以来の登板となる湯浅京己投手を投入しました。1球で火消しに成功し、阪神ファンは大いに盛り上がり、甲子園球場の雰囲気がガラッと変わった。岡田監督に聞いたら、そういう狙いもあったと話していました。一か八かの賭けだったそうです。

本郷　優勝後に仕事で大阪へ行ったら、会った人たちがみんなニコニコしているんですよ。岡田監督は大阪という土地柄をよく理解されていて、ファンの力も巻き込んで勝利につなげたのでしょうね。その点では、「守りで攻める」が

監督も武将もマネジメント力がものを言う!

モットーの岡田監督は武田信玄タイプかもしれません。武将の世界では「守り」は「城」でもありますが、武田流の築城術は僕たち歴史学者が発掘していても、すぐに武田氏の城だとわかるくらい確立されている。

信玄は氾濫を防ぐ治水工事「信玄堤」を行ったことでも有名ですが、工事費用の面だけみれば大赤字のはず。でも、甲府の民、街のことを考えて実行したのでしょう。岡田監督もチームだけでなく、大阪、関西という土地、そしてファンを愛しているのだと思うんです。

高木　監督には二通りあると思います。まずは「この人のために」と思わせる人徳かカリスマ性。

本郷　やはり、監督も武将もマネジメント力なんでしょうね。監督は瞬時の判断で選手一人一人を自在に〝操縦〟しなければならない。相手も人間ですし、そのあたりが難しいのでは。

武田信玄

高木　「どんなふうに若手選手と接しているんですか」と岡田監督に聞いたことがあります。そうしたら、「そんなことを気にしても仕方がない。ただ、（若手選手たちはこれまで）野球を教わっていない」と。岡田監督の考え方を伝えると、若手選手たちが食いついてきたのだそうです。

「勝手にうまくなった」という表現をしていましたが、岡田監督が野球をよくご存じだからこそ。時代が変わっても勝負は変わらない。

広島・新井監督は〝逆転の〟毛利元就

本郷　広島東洋カープの新井貴浩監督は昨季就任。僕みたいに外から見ている人間からすると正直、新井監督がリーグ2位にチームをもっていくことを想像していなかったんですよ。この要因は何でしょうか。

高木　決して選手のせいにしない。選手に気持ちよく戦ってもらうという方針なのだと思います。チームは人数が多い分、得てして〝不満分子〟がいるものですが、新井監督の場合は圧倒的に少ないはずです。「この人を男にしたい」という気にさせる指揮官ですね。

本郷　4番は従来のイメージだと本塁打を打ったり、チームの勝敗の責任を取ったりできる選手。昨季の広島は上本崇司選手、菊池涼介選手らを起用していましたし、新井監督は変化を与えられる人なのかなと。

高木　セ・リーグのなかで、開き直って捨て身の策が取れるのも新井監督。クライマックスシリーズ（CS）のファーストステージでも、負けそうな場面で手を打ってきた。ファイナルステージでは仕掛けていって、結果的に敗れましたが、新井監督には覚悟がある。

本郷　覚悟を持てる強さの源は何でしょうか。

高木　広島にドラフト6位で入団してからはい上がり、4番を打つまでの実力を身につけました。通算2000安打も達成しましたし、努力が見える人ですよね。

本郷　アンガールズの田中卓志さんから聞いた話で、広島のファン

広島・新井監督は捨て身の策が取れる

は選手がFA移籍したら応援はそこでおしまいなのだと。でも、新井監督が広島に復帰したときはみなさん温かく迎えましたよね。
　新井監督は武将なら、1〜2万石からのし上がった毛利元就。生涯で3度のジャイアントキリングも起こしていますから。

高木　ファミリー的なチームだから、元就の「三本の矢」もしっくりくるかも。

本郷　昨季は2位。今季はどうでしょう。

高木　今年の春季キャンプでも新井監督の話を聞きましたが、昨年とは全然違いました。僕からほかのチームの状況を聞こうとしてきたりね。懸念点は打線の軸である4番が決まらないこと。鈴木誠也選手（シカゴ・カブス）がメジャーへ移籍してから、そこが埋まらない。不思議なもので、なぜか監督が現役時代にやっていたポジションは、なかなか育たないものなんですよ。

毛利元就

DeNA・三浦監督の課題「非情になりきれない」

高木　DeNA・三浦大輔監督は2021年の最下位から2年連続Aクラス入り。ハイカラな監督ですよね。自分でインスタグラムを日常的にやっている監督は、12球団でも三浦監督だけじゃない？もう少し、監督としての重みが必要だと思っています。

本郷　これはベイスターズファンとしてフォローさせていただくと、三浦監督のインスタグラムを楽しみにしているんですよ。

高木　僕は横浜OBだから、ちょっと厳しい見方になっているかもしれないですね。監督は判断が早くなければいけない。そして、言葉に出さなければいけない。

本郷　僕らファンとしては、三浦監督が現役時代にFAで阪神に行かなかったことだけでもありがたいです。

高木　昨季の試合で佐野恵太選手に代打を送ったとき、三浦監督の表情が「大丈夫かな」みたいな感じに変わったんです。勝負は生きるか死ぬか。ベンチでは、そんな表情は出さないほうがいい。
　また、オフはドラフト1位の度会隆輝選手の話題でもちきりでしたが、1人の選手に注目度が集中すると、ほかの選手のモチベーションが動かなくなりがち。監督としては、まだまだ勉強する余地があると思います。

本郷　なかなか手厳しい。

高木　彼は育ちがよく、心が優しい。だから、監督としては「非情になりきれるか」が課題でしょう。

本郷　そうすると、武将としては北陸の名門大名で、非情になりきれなかった朝倉義景かなあ。

阿部新監督は巨人の“中興の祖”になれるか

高木　読売ジャイアンツは2年連続4位でしたが、今年はいい春季キャンプをしたと思います。方針が徹底されていました。昨季もリーグトップの打率と本塁打数に対して得点力が低かったという点を踏まえ、勝つためのあと1本を生み出すために、場面場面での打つ方向を決めていましたね。

本郷　SNSを使っている方々からすると、阿部慎之介監督は上下関係にちょっと厳しすぎるのではないかという意見もあります。

高木　言い方と年齢かな。先日、台湾との親善試合で秋広優人選手が守備で一塁線を破られたときに

「たぶんチアガールでも見ていたのかな」とコメントしていましたが、年齢が60代の監督が言うのと、選手により近い年齢である阿部監督（45歳）が言うのとでは、相手の受け取り方が違う。ちょっとキツく聞こえるかもしれないね。ただ、阿部監督はあえて厳しくしている気がします。選手全員を引き締めるために。

本郷　内野は岡本和真選手を含め、中身がしっかり決まっていますよね。

高木　あとは外野手ですね。チームとしてはいい方向に向かっていると思います。昨年はベテランを排除するような感じがありましたが、今年はベテランをベテランとして大事にして、気持ちよくやってもらう環境を整えている。やっぱり、今の巨人は坂本勇人選手のチームなんですよ。昨年とは雰囲気が変わりました。

徳川吉宗

本郷　新進気鋭で期待ができる監督ということで、武将なら伊達政宗もいいなあ。でも、巨人というブランド力のある球団の監督だから、〝中興の祖〟徳川吉宗になることを期待してもいいかもしれません。

ファミリー軍団ヤクルト 我慢強い高津監督

高木　東京ヤクルトスワローズ・高津臣吾監督は我慢強いですよね。遊撃・長岡秀樹選手、4番・村上宗隆選手、1番・塩見泰隆選手を我慢強く起用し続けて、みんな花開きました。そこにうまく石川雅規投手、青木宣親選手の両ベテランを起用していく。バランス感覚がいいですよね。今季も投手陣が厳しいところはありますが、今季も我慢強く戦うと思います。

本郷　相手ベンチからのヤジに熱くなるなど、気が強い面もありますよね。

高木　そういう面でいえば、今季

◆ セ・リーグの監督＆該当武将 ◆

23年順位	球団	監督	武将	武将概要
①	阪神	岡田彰布	武田信玄	甲斐国（現在の山梨県）の戦国大名。率いる軍勢は「風林火山」の旗印で最強説
②	広島	新井貴浩	毛利元就	安芸国（現在の広島県西部）から中国地方を制した戦国大名。一族の団結力
③	DeNA	三浦大輔	朝倉義景	越前国（現在の福井県北東部）の名門「朝倉家」第11代当主。天下を獲る好機も
④	巨人	阿部慎之助	徳川吉宗	江戸幕府の第8代将軍。傾いた財政を「享保の改革」で再建。「暴れん坊将軍」のモデル
⑤	ヤクルト	高津臣吾	大友宗麟	豊後国（現在の大分県）から北九州6国を支配した戦国大名。西洋文化を取り入れた
⑥	中日	立浪和義	伊達政宗	出羽国（現在の山形・秋田県）出身の仙台藩初代藩主。困難乗り越えて東北の雄に

は選手に自覚を促すためか、厳しさが出てきました。ただ、ヤクルトという球団の特徴は、真中満元監督に象徴されると思うんです。天真爛漫《らんまん》な明るいキャラクターでホンワカとした雰囲気をつくって、試合には「さあ、戦いましょう」と切り替える。

本郷　ヤクルトは2021年からリーグ連覇、同年には日本一になりましたが、昨季はリーグ5位。

高木　危機感を抱いた指揮官が厳しくなりすぎると、監督だけが突っ走って、後ろについてきていない、みたいな現象が起こるものです。厳しくなるのは悪いことではありません。

ただ、ヤクルトは伝統的にホンワカとした空気感のある球団。高津監督ならではの納得感のある厳しさでいってほしいと思っています。

本郷　ヤクルトはファミリー的な雰囲気ですから、優秀な家臣団を擁して九州平定を目前にした大友宗麟がイメージされます。

片岡ヘッド起用の中日 監督3年目で躍進も

高木　中日ドラゴンズの立浪和義監督は2年連続最下位。チームを預かった2022年は外野手登録が非常に多かった。内野手がいなかったんですよ。チームを立て直すことに苦しんで、やっと戦えるメンバーがそろってきました。

本郷　もうちょっとのところまで来ているんですよね。

高木　これまで長期にわたってドラフトがうまくいかず、金銭面でも大きな補強ができなかったことも低迷の原因かな。昨季DeNAから移籍した細川成也選手が24本塁打を放ちましたが、球団では日本人選手で13年ぶりの20本。だから、野球を変えていかなければいけない。本拠地が広いバンテリンドームですから、スモール・ベースボールを徹底してやるという方針だそうです。

本郷　コーチを大幅に入れ替えましたよね。片岡篤史ヘッドコーチ、堂上直倫内野守備走塁コーチ、和田一浩打撃コーチらが入閣して。

高木　ヘッドコーチはやはり、監督との意思疎通が重要です。その点において、セ6球団のなかで立浪監督ー片岡ヘッドコーチは抜群でしょう。PL学園時代に1987年春夏連覇を果たした盟友ですから。セ・リーグなら広島の新井監督ー藤井彰人ヘッドコーチもなかなかですよ。

本郷　その2人の関係性を反映させた武将にしたいですね。立浪監督が伊達政宗、その厚い信頼を受けた軍師・片倉小十郎景綱という鉄板の仲はどうでしょうか。

伊達政宗

豊臣秀吉から指令を受けた小田原攻めに遅参した際、政宗は死装束ふうの服装で現れ、面会を拒絶されて蔵に閉じ込められても「千利休に茶道を教えていただきたい」と大胆発言。秀吉はこれをきっかけに面会を許したという逸話が伝えられています。この作戦の発案者が片倉小十郎。のちに秀吉、徳川家康からもスカウトされ、政宗に仕えるべく固辞しています。

仙台市で政宗をまつっている青葉神社では、現在も片倉家の子孫が宮司を務めているそうですよ。

オリックス4連覇へ盤石 名君・蒲生氏郷と相似

本郷　今度はパ・リーグです。まずリーグ3連覇中のオリックス・バファローズは、中嶋聡監督は秋田県出身ですし、奥羽で優れた内政を敷いた蒲生氏郷でしょうか。豊臣秀吉が絶賛した手腕だったといわれています。

高木　阪神・岡田監督が「あいつもなかなかやるなあ」と言ったほどの采配ですからね。昨年の日本シリーズ第4戦で代打・Tー岡田選手に対して、阪神は左腕・島本

オリックス・中嶋監督は「奥羽で優れた内政を敷いた蒲生氏郷」

浩也投手をマウンドへ。すると、中嶋監督は「代打の代打」を送ってきた。岡田監督はT-岡田に「代打の代打」を送るとは読んでいなかったのだそうです。

本郷　中嶋監督は現役時代から「いい指導者になるなあ」という片りんはあったのですか。

高木　現役時代にセ・パ両リーグ4球団を経験して、本人が研究した賜物《たまもの》だと思います。捕手としてはまず、ずばぬけた体の強さのイメージが先行していました。

本郷　実働29年間は工藤公康さん、山本昌さんと並ぶNPBタイ記録。野手ではNPB史上最長。

高木　コーチとしては、北海道日本ハムファイターズでも2018年まで12年間。勉強を重ねてきたのでしょうね。その努力が古巣オリックスで花開いたのだと思います。能力ある選手たちが一つにならないところがオリックスの課題でしたが、中嶋監督を中心に一つになっているという珍しい例です。

桂小五郎（木戸孝允）

本郷　山本由伸投手がロサンゼルス・ドジャースへ移籍。メジャーでも13勝くらいしてくれるとうれしいなあ。

高木　すると思いますよ。ドジャースは打ちますから。オリックスにとって山本投手の移籍は大きいですが、宮城大弥投手も山下舜平大投手もいますし、2021年ドラフト1位の椋木《むくのき》蓮投手もトミー・ジョン手術明けで復帰します。

本郷　オリックスは投手がどんどん出てきますね。

高木　スカウトがいいですよ。もしかしたら、シーズンのなかで苦しむかもしれないけれど、追っ手がいないみたいな状況になるかもしれません。今季もオリックスが優勝候補筆頭です。

ロッテ・吉井監督は明治をつくった桂小五郎

本郷　就任1年目で昨季2位の千葉ロッテマリーンズ・吉井理人監督。近鉄バファローズ、メジャーも経験されていて、骨太な国際派であると感じています。

高木　昨季の後半戦は苦しかったはずですが、オープナーなどを使ってやりくりして2位に滑り込みました。

本郷　そうすると、長州の高杉晋作ですかね。外国船の攻撃に備え、身分の別なく入隊できる「奇兵隊」を結成し、限られた兵力をもって相手を撃退するという新しい軍隊を指揮しました。

高木　僕の出身地・山口県、長州が誇る幕末の志士ですね。

本郷　長州には、維新の三傑・桂小五郎（木戸孝允）もいます。幕末の薩長同盟のキーパーソンであり、明治維新後は新政府の要職を務め、五箇条の御誓文を起草。廃藩置県、岩倉遣外使節団などにも携わりました。しかも、イケメンなんですよ。

　吉井監督は女性ファンからダンディーだといわれますし、ここは桂小五郎でしょう。

チーム再建のソフトバンク カギは「徳川家光の絵」

高木　うーん、ソフトバンクは何

「うつけ者」ではなく「戦略家」日本ハム・新庄監督は織田信長

かいいニュースがないなあ。山川穂高選手の獲得だったり、その人的補償のドタバタだったり。2010〜2020年の11年間で6度リーグ優勝。2年に一度は優勝していることになりますが、3年連続でV逸です。これまでのように若いスターがあまり出てこなくなっていますから、育成がうまくいっていない印象です。

本郷　難しい時期に就任した小久保裕紀監督も、気の毒な面がありますね。

高木　それでも、千賀滉大投手（ニューヨーク・メッツ）を育成選手から育て上げた〝魔改造〟倉野信次さんが、3年ぶりにコーチに復帰して一軍投手コーチ兼ヘッドコーディネーターを務めることは朗報かな。ここ2年間は、ワールドシリーズを制したテキサス・レンジャーズ傘下でコーチ修業をしていたし。

本郷　小久保監督は強いソフトバンクの指揮を引き継ぎ、再建を託された。ここで盤石にするかどうかという観点で見ると、徳川家の3代目・徳川家光のような立ち位置かもしれませんね。

高木　就任会見で「いかに美しくあるか」と話していましたが、泥水をすすってでも勝つ、と言ったほうがよかったんじゃないかなあ。

本郷　「美しく」――。徳川家光が描いた絵画が複数枚現存していて、画力としては画家のように美しくないかもしれませんが、独特の筆致、雰囲気が人気を博して、近年になって書籍が出版されたり、展示会が行われたりしています。美しいこともいいけれど、味わいも大事かもしれませんね。

激動期の楽天は「徳川家茂」今江監督

高木　東北楽天ゴールデンイーグルスで就任1年目の今江敏晃監督は、12球団最年少40歳の監督です。今江監督は人柄もよく、笑顔がいい。就任にあたって球団には、ロッテからFAで楽天に来てくれたという思いもあったのではないでしょうか。楽天は2年連続4位と苦しんでいるなか、大変な時期にバトンを引き継ぎました。

本郷　楽天は激動の時代ですね。日本の歴史における激動期にトップに立った例としては、幕末の第14代将軍・徳川家茂がいます。公武合体の象徴として、孝明天皇の妹・和宮が輿《こし》入れすることになり、和宮は当初は江戸に下ることを嫌がっていましたが、いざ結婚してみると家茂と仲睦《むつ》まじい夫婦

◆ パ・リーグの監督＆該当武将 ◆

23年順位	球団	監督	武将	武将概要
①	オリックス	中嶋聡	蒲生氏郷	信長、秀吉も認めた戦国武将。会津（現在の福島県会津地方）で行政手腕発揮
②	ロッテ	吉井理人	桂小五郎	幕末の長州藩（現在の山口県）で薩長同盟の中心に。明治政府にも尽力した剣豪
③	ソフトバンク	小久保裕紀	徳川家光	江戸幕府の第３代将軍。幕府の組織を整え、参勤交代制などを採用し幕府を盤石に
④	楽天	今江敏晃	徳川家茂	江戸幕府の第１４代将軍。ペリー来航を経て日米和親条約締結後、尊王攘夷・開国で揺れる時期に立ち向かった
⑤	西武	松井稼頭央	細川忠興	南北朝時代から守護職を務めた名門・細川家当主。関ヶ原の戦いは東軍で大活躍
⑥	日本ハム	新庄剛志	織田信長	青年時代はヤンキー的なふるまいも、「桶狭間の戦い」で今川義元撃破を契機に天下人へ

になったのです。家茂は旗本、御家人からの支持も厚く、今江監督同様にその人柄がしのばれます。

高木　ただ、優勝は……難しいでしょうね。レギュラーと控え選手の差が大きい。投手陣がなかなか育たないという現状もあります。投手陣は田中将大投手が今年11月に36歳、岸孝之投手も同12月に40歳。柱だった投手もやはり年齢を重ねますから、台所事情は苦しいでしょう。今江監督も苦労が絶えないと思いますが、立教大出身で昨年ドラフト1位の右腕・荘司《しょうじ》康誠投手は、ルーキーイヤーの昨季19試合登板で5勝3敗。今年のドラフト1位は、桐蔭横浜大の古謝《こじゃ》樹《たつき》投手。2人の活躍に期待したい。

西武は最高の投手陣で優勝候補に

本郷　埼玉西武ライオンズ・松井稼頭央監督は、就任1年目の昨季は5位。名門・PL学園出身で、西武でも活躍、メジャーも経験。現役時代はすごい選手で、身体能力がずばぬけていましたよね。

高木　トリプルスリーも達成しましたし、守備ではショートからファーストまで150キロ級の送球をしていたんですよ。もちろん一塁手が捕りやすいように加減していたと思いますが、それでも速かったなあ。松井監督も今江監督もPL学園出身で、彼らよりも上の世代のPL出身者は強烈な個性を持つ選手が多いですが、このあたりの世代は穏やかな印象です。

本郷　エリート出身、いわば名家の系譜を持つ大名としては、細川忠興が挙げられます。織田信長に重用され、非常に優秀な武将でした。生き馬の目を抜く戦国の世で立ち回りもうまく、奥さんは美女で有名な細川ガラシャ姫です。松井監督の奥様もお美しい方です。

高木　昨季は5位に終わりましたが、今季は優勝の目があるんじゃないかと思っているんです。最高の投手陣をそろえていますから。国学院大からドラフト1位で入団したルーキー・武内夏暉《なつき》投手も、今年のドラフトでは左投手としてナンバーワンの素材。ソフトバンクから加入した甲斐野央投手も活躍すると思うなあ。オリックス優位ではあるけれど、西武もパ・リーグの優勝候補に挙げたいです。

戦略家の新庄監督は「織田信長」

本郷　日本ハム・新庄剛志監督は、僕は織田信長だと思っています。

高木　現役時代からのパフォーマンスで奇想天外に見せているけれど、ものすごく考えている。内面は繊細ですよ。あえて自分を破天荒に見せることで、相手をはかっているところもあると思います。本当はとてもクレバーな人物です。

織田信長

本郷　織田信長も周囲には「うつけ者」と思われていたけれど、実は……という。「長篠の戦い」で鉄砲の集中使用で当時最強といわれた武田騎馬隊に圧勝したり、南蛮文化などの新しいものを積極的に取り入れたり。

高木　新庄監督は就任した1年目、チームをいったん、ゼロからのスタートにした。これは勇気がいることですよ。2年目の昨季は選手の自由にやらせる方針を打ち出した。そして、3年目の今季は勝つことを目標としている。段階を踏んでチームをつくり上げてきたわけです。新庄監督は「思考の違いで野球が変わることを（選手たちに）体感してほしかった」と話していました。

本郷　2018年ドラフト1位の万波中正選手も段階を踏んで、今季は非常に活躍が期待されます。

高木　オフ中に新庄監督からレギュラーだと明言され、春季キャンプ中の調整も自分に任された。レギュラー扱いにして責任を持たせたことで、本人にも自覚が出ていると思います。これは戦略家ですよ。今季の日本ハムは躍進が期待できそうです。

Hongo×Takagi

目次

staff
編集：宮下雅子（宝島社）
協力：フジ・メディア・テクノロジー
カバーデザイン：妹尾善史（ランドフィッシュ）
本文デザイン・DTP：木下裕之（kworks）
編集協力：丸井乙生（アンサンヒーロー）
写真：伊藤幹、アフロ（Alamy、岡沢克郎、大久保千広、GRANGER.COM、akg-images、ロイター、USA TODAY Sports/ロイター、AP、Natsuki Sakai、アフロスポーツ）、共同通信、国会図書館デジタルコレクション、photoAC、photo library

第一章

歴代の名監督を解析する

ID野球×孫子

1990年代にヤクルトでリーグ優勝4度、日本一3度

野村克也

世界に影響を与えた「孫子の兵法」球界に今もなお生きる「野村の考え」

テスト生から強打の名捕手。野村克也監督は苦労の末に指導者としても開花。洞察力、情報戦を武器に孫子にも通じる「ID野球」を生み出した

監督通算勝利数は歴代5位

1990年代のヤクルト黄金期を築いた野村克也監督。現役時代は南海ホークスで強打の名捕手として名を馳《は》せ、さまざまな記録を樹立し、1970〜1977年には南海で兼任監督も務めていた。観察力と情報戦に優れ、1990〜1998年のヤクルトではリーグ優勝4度、日本一3度。阪神の3年間は不遇の最下位に甘んじたが、アマチュア野球のシダックス

Katsuya Nomura

監督を経て2006年から70歳にして楽天の監督となった。
監督の通算勝利数で歴代5位の1565勝。高木氏、本郷教授は一致して「孫子」の名を挙げる。
「野村さんはいわゆる孫子ですよ。選手時代から相手の癖を見抜く力がものすごかったといわれています。監督としても情報戦に強かった。予告先発がなかった時代はスコアラーたちにきっちり偵察させて、情報収集を徹底していましたね。また、戦略で戦う指揮官でもありました。たとえば、阪神の監督時代に『遠山・葛西スペシャル』と呼ばれた変則リレーも、すでにヤクルトで左投手の山本樹《たつき》投手、乱橋幸仁投手のときも使っていました。僕はそのとき、打席にいましたから」（高木氏）
1993年10月1日の横浜戦。9回に登板した当時の守護神・高津が1死満塁とされ、左のワンポイントとして乱橋がマウンドへ。高津は右翼へ回った。打席には左打者の高木氏が立っていた。
続くローズが高津を苦手としているからこその奇策だったが、6-4-3の併殺打で試合終了。高木氏は、野村監督からのちに「勝負には勝ったけれど、打席の内容はお前のほうが上やったな」と言われたという。
「すごくよく見ている方なのだと思いましたよ」（高木氏）
ヤクルトはこの試合で球団初のシーズン80勝をマークし、日本一まで駆け上がった。

「野村再生工場」も情報戦の一環だった

輝かしい成績に加え、他球団で思うような成績を挙げられなかった選手を獲得し、特長を見極めることで活躍させることから「野村再生工場」とも呼ばれたが、選手の再生に加えて他球団の情報を吸い上げることも目的の一つだった

のむら・かつや
1935年6月29日、京都府出身。峰山高校から54年南海へ入団。61年から8年連続本塁打王、65年に戦後初の三冠王。選手兼任監督としても73年にリーグ優勝。ロッテ、西武を経て80年引退。通算3017試合出場、2901安打、657本塁打、1988打点はいずれも歴代2位。89年野球殿堂入り。90~98年にヤクルトの監督として日本一3度。阪神、シダックス、楽天も指揮。多くの著書も残した。2020年2月11日、84歳で他界。

といわれている。

兵法書「孫子」には戦いの心得、戦略、陣立て、情報戦など戦に必要なすべての方針が網羅されており、今も残る「風林火山」「彼を知り己を知れば百戦殆からず」の言葉も、孫子の兵法が出典となっている。

そのなかで、戦略を練る際の基本概念は「五事七計」に集約されている。大局の把握に必要な要素「五事」は道、天、地、将、法から成り、それぞれ為政者と民が一体となる政治、天候などの自然環境、地形、指揮官の力量、軍規を意味する。いざ戦いに臨むにあたって必要な要素「七計」は五事をより詳細に分け、相手と比較しながら「どちらが有利なのか、優秀なのか、明確に守られているか」などと考察するものだ。

「孫子の兵法は西洋にも影響を与えており、戦いにおいてはすべての源ともいえる存在。野村さんはさまざまな本を読まれていたと思います。孫子の兵法も反映されていますし、ほかにも『勝ちに不思議の勝ちあり、負けに不思議の負けなし』という野村さんの名言がありますが、長崎の平戸藩主で、剣も極めていた松浦静山の剣術書『剣談』のなかに記されています。孫子を含め、かなり本を読まれていた方なのだと思います」（本郷教授）

孫子も晩年は失脚 ノムさんは楽天で復活

孫子は中国春秋時代の呉王・闔《こう》廬《りょ》に将軍として仕え、強国・楚を撃破して呉を押し上げたが、闔廬が越へ進軍して死去。一方で、晩年の孫子の動向はわかっていないという。

野村監督も1999～2001年の阪神監督時代は笛吹けど踊らずで失意のまま退任したが、2006年から楽天の監督に就任。地元ファンにも愛され、2007年「マーくん、神の子、不思議な子」、2008年「♪バッカじゃなかろうか～、ルンバ」など明るい名言を残し続けた。最終年の2009年には球団史上最高のリーグ2位、同じく初のクライ

◆ 野村克也　監督成績 ◆

年	球団	順位	勝	負	引分	勝率	日本シリーズ
1970	南海	2	69	57	4	.548	
1971		4	61	65	4	.484	
1972		3	65	61	4	.516	
1973		1	68	58	4	.540	巨人に1勝4敗
1974		3	59	55	16	.518	
1975		5	57	65	8	.467	
1976		2	71	56	3	.559	
1977		2	63	55	12	.534	
1990	ヤクルト	5	58	72	0	.446	
1991		3	67	63	2	.515	
1992		1	69	61	1	.531	西武に3勝4敗
1993		**1**	**80**	**50**	**2**	**.615**	**西武に4勝3敗**
1994		4	62	68	0	.477	
1995		**1**	**82**	**48**	**0**	**.631**	**オリックスに4勝1敗**
1996		4	61	69	0	.469	
1997		**1**	**83**	**52**	**2**	**.615**	**西武に4勝1敗**
1998		4	66	69	0	.489	
1999	阪神	6	55	80	0	.407	
2000		6	57	78	1	.422	
2001		6	57	80	3	.416	
2006	楽天	6	47	85	4	.356	
2007		4	67	75	2	.472	
2008		5	65	76	3	.461	
2009		2	77	66	1	.538	※CS②で敗退
通算24年　3204試合			1565	1563	76	.5003	

※CSはクライマックスシリーズ。太字は日本一

マックスシリーズにも出場した。

チームに種をまき、耕して育てた野村監督はこの年限りで退任した。その戦力が充実した2013年、田中はシーズン24勝無敗1セーブの驚異的な成績で楽天を優勝に導き、まさに「神の子」に。巨人との日本シリーズでも第7戦で3点リードの9回に登板して胴上げ投手となった。

紀元前500年頃に原型が著されたという「孫子の兵法」は、戦だけではなく野球にも人生にも通じる教えとして現在も世界中に影響を与えている。野村監督から薫陶を受けた選手たちも各球団で監督、コーチを経験。「野村の教え」は今も、球界に影響を与え続けている。

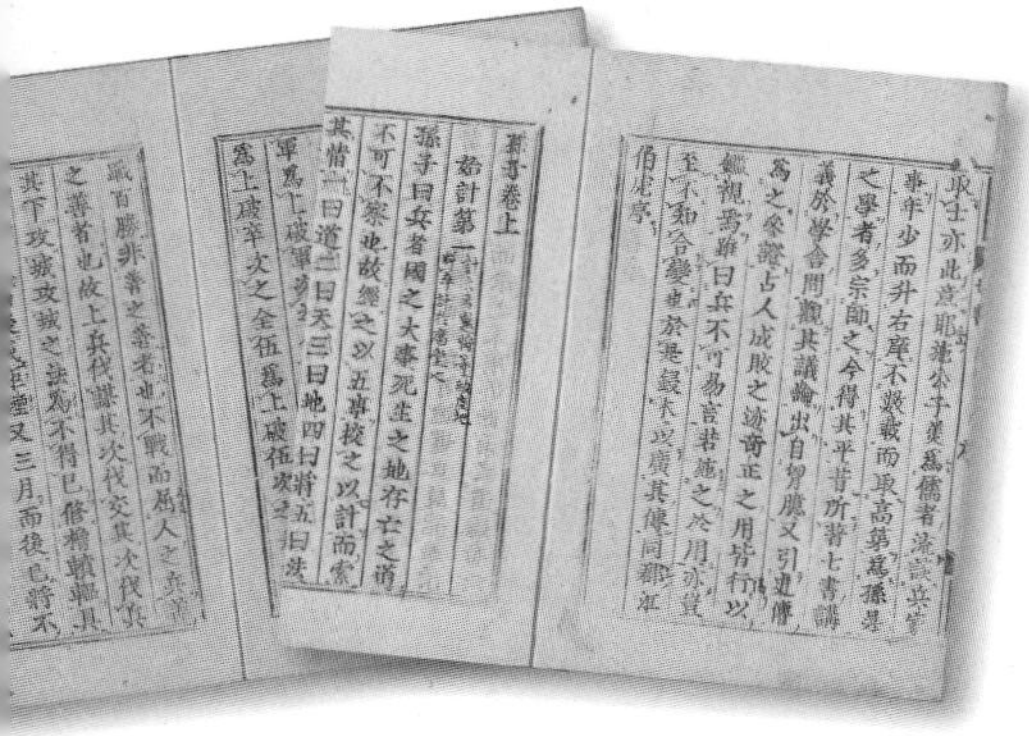

◆ 孫子　年表 ◆

時期	出来事
中国春秋時代	斉に生まれる。尊称が「孫子」で、姓名は「孫武」
	青年時代から兵法書に親しむ
	斉から呉へ逃れ、闔廬（のちの呉王）の側近と知り合う
	兵法書「孫子」を著す
	「孫子」を読んだ呉王・闔廬から将軍に任ぜられる
	強国・楚との戦を将軍として指揮。大軍を撃破して一躍名を上げる
	闔廬が越との戦いで死去
	その後の消息は不明

※兵法書「孫子」は、子孫とされる孫臏《ひん》らの“孫氏派”によって原型からさらに成熟させていったものと考えられるという

国民的スター×源義経

2度の政権でリーグ優勝5度、日本一2度

長嶋茂雄

選手時代も監督でも華やかさは健在 日本シリーズで伝説を築いた

万人に愛されるスーパースター長嶋茂雄監督は名選手であり名監督でもあった。万人に愛された武将といえば――

ながしま・しげお
1936年2月20日、千葉県出身。佐倉一（現・佐倉）高校ー立教大学。58年に巨人入団。プロ1年目の58年に打率.305、29本塁打、92打点で二冠に輝き新人王。王貞治らとV9時代を支えた。主なタイトルは首位打者6度、本塁打王2度、打点王5度、MVP5度。88年殿堂入り。13年に松井秀喜氏とともに国民栄誉賞を受賞。

万人に愛されるスター「すべてはここから」

〝ミスター〟こと長嶋茂雄監督が国民的スターであることは疑問の余地はないだろう。立教大時代は東京六大学野球リーグのスター選手で、1958年に巨人へ入団すると、デビュー戦では豪快に4打席連続空振り三振。しかし、この1年目は打率3割5厘、29本塁打、92打点で二冠を獲得し、新人王に輝いた。

プロ野球が国民的スポーツになったきっかけも、長嶋監督だった。翌1959年6月25日、昭和

Shigeo Nagashima

天皇の天覧試合となった阪神戦で、同点の9回にサヨナラ本塁打を放った。

「すべてはここから始まったという感じがします」（本郷教授）

巨人のＶ９時代を支え、現役17年間で通算打率3割5厘は歴代13位。日本シリーズでは通算打率3割4分3厘まで跳ね上がり、１６０打数以上では歴代1位だ。

三塁の守備でも華麗なプレーを見せ、時には帽子を飛ばし、遊撃・広岡達朗が捕球しようとした打球までさらっていったほど守備範囲が広かった。１９７４年の引退試合では「我が巨人軍は永久に不滅です」と歴史と記憶の両方に残る名スピーチを残した。

翌１９７５年に巨人の監督に就任してからも、長嶋監督の一挙手一投足は話題になった。１９７６年からリーグ連覇を果たしたが、日本シリーズではいずれも阪急に阻まれた。１９８０年に退任し、１９９３年から第二次政権。翌１９９４年は最終戦で勝者が優勝という「10・8」を中日と戦い、先発・槙原寛己から斎藤雅樹にスイッチ、そして桑田真澄を7回から投入する総力戦で手に汗握る決戦をものにした。

日本シリーズでも西武を下して、監督としては自身初の日本一に輝いた。２０００年には、現役時代に「ＯＮ」として人気を分けた盟友で、ダイエー（当時）・王貞治監督と、指揮官として「ＯＮ」対決。それを4勝2敗で制し、監督となっても華やかさは健在だった。

一方で巨人を退任する前年から、後継者と目していた原辰徳ヘッドコーチにひそかに采配させるなど、巨人が常勝軍団であり続けるための配慮も見せていた。

万人に愛される華麗な武将 源義経

武将のなかで、長嶋監督のように万人に愛される存在といえば源義経だ。１１８４年「一の谷の合戦」では崖の上から騎馬で駆け下りるという奇想天外な戦法「鵯越《ひよどりごえ》の逆落とし」で平氏を大混乱に陥れた、という伝説が残る。「鵯越の逆落とし」は、のちの創作ではないかという説もあるが、それだけではない。源平合戦では平氏との最終決戦となった１１８５年「壇ノ浦の戦い」で、義経を道連れにしようとした平教経から逃れるべく舟から舟へ飛び移ったという「八艘飛び」。華麗な武将であったことが想像できる。

のちに、兄・頼朝から追われる身となり、１１８９年「衣川の戦い」で討ち死。武蔵坊弁慶は義経を守るべく、立ったまま絶命したという「弁慶の立ち往生」は今でも語り継がれる。亡くなったあとも、奥州へ逃れて青森から北海道へ渡った、などの義経伝説が全国各地に存在する。果てはモンゴルへ渡ってチンギス・ハンになったとも。それほどまでに、「生きていてほしい」という愛された存在だったからだろう。

アテネ五輪予選で日本代表監督に

初めて全員プロ選手で構成した２００４年アテネ五輪日本代表監督には当初、長嶋監督が就任。予選を勝ち抜き、五輪出場権を得た。高木氏は守備・走塁コーチを務めていた。

「しぐさも立ち居振る舞いも、何もかもカッコよかったですよ。長嶋監督は当時、コーチに任せたことについて絶対に口を出さなかっ

◆ 長嶋茂雄　監督成績 ◆

年	球団	順位	勝	負	引分	勝率	日本シリーズ
1975	巨人	6位	47	76	7	.382	
1976		1位	76	45	9	.628	阪急に3勝4敗
1977		1位	80	46	4	.635	阪急に1勝4敗
1978		2位	65	49	16	.570	
1979		5位	58	62	10	.483	
1980		3位	61	60	9	.504	
1993		3位	64	66	1	.492	
1994		**1位**	**70**	**60**	**0**	**.538**	**西武に4勝2敗**
1995		3位	72	58	1	.554	
1996		1位	77	53	0	.592	オリックスに1勝4敗
1997		4位	63	72	0	.467	
1998		3位	73	62	0	.541	
1999		2位	75	60	0	.556	
2000		**1位**	**78**	**57**	**0**	**.578**	**ダイエーに4勝2敗**
2001		2位	75	63	2	.543	
通算15年　1982試合			1034	889	59	.538	

※太字は日本一

◆ 源義経　年表 ◆

年	出来事
1159	河内源氏の源義朝の九男として生まれる。幼名・牛若丸。「平治の乱」で源氏が平氏に大敗し、父は平清盛に敗れて討ち死
1166	母・常盤御前と引き離され、京都の鞍馬寺に預けられる。遮那王と呼ばれる。腹違いの兄・頼朝は流刑。義経は毎夜のように武芸の練習に打ち込み、このとき天狗から武芸・兵法を学んだという伝説がある
1174	鞍馬寺から出奔。諸国を転々とするなかで、商人・金売吉次とともに平泉の藤原秀衡の元へ向かい、かくまわれる
1176	平家の侍から刀を奪い続けていた武蔵坊弁慶と京都・五条大橋で出会って決闘。義経が返り討ちにし、弁慶は家来となる
1180	後白河法皇の息子・以仁王が平家討伐令を出し、挙兵した兄・頼朝の元へ馳せ参じる。現在の静岡にあたる黄瀬川にて兄と対面
1184	「一の谷の合戦」で騎馬で崖を駆け降りる奇想天外な戦法「鵯越の逆落とし」で平氏を急襲。平氏を屋島に追いやる。法皇から頼朝の推挙なしで官職を受けて、頼朝と対立
1185	「屋島の戦い」では激戦の末に休戦状態となり、平氏側から船上の扇の的当てを挑発されて、源氏側の弓の名手・那須与一が打ち抜いたとされる。続く「壇ノ浦の戦い」では、義経は「八艘跳び」で活躍し、平家を滅亡させた。しかし、頼朝に無断で朝廷から官職を受けたことで逆鱗に触れ、再び奥州へ逃れる。その際に通過した安宅の関での出来事が歌舞伎「勧進帳」として有名
1189	秀衡の死去後、頼朝が藤原泰衡に義経追討を要求し、義経は衣川の戦いで自害。弁慶は義経を守って立ったまま絶命。「弁慶の立ち往生」と語り継がれることになった

た。これはできるようで、できないんですよ。口を出したくなるものなんです。でも、長嶋さんは絶対に出さなかった」（高木氏

長嶋監督は五輪本番を前に脳梗塞に倒れ、中畑清が代行して監督を務めて銅メダル。以来ユニホームを着ることはなかったが、公の場に長嶋監督が現れると、周囲が笑顔になる。そんなプロ野球選手は後にも先にも、長嶋監督だけかもしれない。

アーチスト
×
宮本武蔵

日本一2度、監督通算勝利数歴代8位

王貞治

常勝軍団ソフトバンクの基盤を築いた〝世界の王〟は武人芸術家の宮本武蔵

王貞治監督は15度の本塁打王に輝いた。監督としては苦難を乗り越え芸術家の域に達するほどの野球人生とは

おう・さだはる
1940年5月20日、東京都出身。早稲田実業高校から59年巨人入団。一本足打法で本塁打を量産し、73、74年に三冠王。本塁打王15度を含め通算22年で868本塁打。80年引退。巨人、ダイエー、ソフトバンクで監督を歴任。94年に野球殿堂入りし、2006年WBCでは日本代表監督を務めて初代王者に。ソフトバンク球団会長。

Sadaharu Oh

本塁打世界記録樹立も監督のスタートは苦労

昭和の国民的ヒーロー・王貞治。13年連続を含む15度の本塁打王獲得は、今も日本プロ野球最多記録という金字塔だ。1977年にはハンク・アーロンのMLB通算最多（当時）755本塁打を抜き、初の国民栄誉賞を受賞した。現役通算868本塁打は、2位の野村克也（南海など）に200本以上の差をつけて圧倒的な歴代最多記録となっている。

しかし、監督としては順風満帆ではなかった。1984～1988年に巨人の指揮を執り、1987年には指揮官としては自身初のリーグ優勝を果たしたが、日本シリーズでは西武に2勝4敗で敗れた。在任期間はすべてAクラス入りも、常勝軍団・巨人にあっては優勝が義務だった。

1996年「生卵事件」柔軟性が出て名将に

「王さんについては、僕なんか恐れ多くて何も言えないですよ」（本郷教授）

「現役時代は本塁打の当時世界記録をつくるほど打撃を極めて、素晴らしいの一言しか形容できないほどです。ただ、監督としては苦しい時期も過ごされたと思います。1995年に福岡へ移ってダイエー（2005年にソフトバンク）の監督に就任されましたが、最下位だったとき、取り囲んだファンが生卵をぶつけられたこともありました」（高木氏）

就任初年は5位。そして翌1996年の5月、最下位に沈んでいた試合後にチームバスを取り囲んだファンから生卵を投げつけられるという事件があった。国民的スターが生卵をぶつけられる日が来るとは、誰も想像だにしていなかっただろう。

「プロ野球のトップ・オブ・トップでずっとやられてきたので、信念があり、いちずに貫く方です。だからこそその本塁打記録ですが、監督になったときに選手のところまで目標を下げられなかったのかもしれません。ある時期から柔軟性が出て、勝ち始めたように思います。僕が解説者になったときに顔を出すと、『よく来てくれた。よし、メシを食おう』と食堂へ連れて行ってくれたこともありました」（高木氏）

1998年に初のAクラス入りを果たし、1999年にはリーグ優勝、そして日本シリーズでは中日を破り、指揮官として自身初の日本一に輝いた。

翌2000年にはリーグを連覇し、日本シリーズで長嶋茂雄監督率いる巨人と「ON対決」。敗れはしたが、2003年にも日本シリーズで阪神を4勝3敗で下して再び日本一となった。常勝軍団ソフトバンクの基盤をつくり上げ、体調を崩すなどして2008年を最後に勇退も、現在も球団会長として球界の発展に力を尽くしている。

武将を超越して芸術家の域 武人画家・宮本武蔵

偉大すぎる存在。そんな武将は果たしているのだろうか。

「もう、戦国武将というよりは、芸術家の域に達しているような気がします。一本足打法の習得に日

本刀で素振りをしていたというエピソードもありますし、60戦無敗の剣豪・宮本武蔵かもしれない。武蔵は芸術家として高い評価を受けているんですよ」（本郷教授）

宮本武蔵は二刀流の「二天一流」を編み出し、1612年に佐々木小次郎と巌流島で決闘したことでおなじみだが、画家、書家の側面を持つ。残されている絵画は水墨画で、鳥と植物を風流なタッチで描いているほか、禅に関する達磨《だるま》図などの作品も。なかには屏風《びょうぶ》絵の大作もあるのだ。

◆ 王貞治　監督成績 ◆

年	球団	順位	勝	負	引分	勝率	日本シリーズ
1984	巨人	3位	67	54	9	.554	
1985		3位	61	60	9	.504	
1986		2位	75	48	7	.610	
1987		1位	76	43	11	.639	西武に2勝4敗
1988		2位	68	59	3	.535	
1995	ダイエー ソフトバンク	5位	54	72	4	.429	
1996		6位	54	74	2	.422	
1997		4位	63	71	1	.470	
1998		3位	67	67	1	.500	
1999		**1位**	**78**	**54**	**3**	**.591**	**中日に4勝1敗**
2000		1位	73	60	2	.549	巨人に2勝4敗
2001		2位	76	63	1	.547	
2002		2位	73	65	2	.529	
2003		**1位**	**82**	**55**	**3**	**.599**	**阪神に4勝3敗**
2004		2位	77	52	4	.597	※PO②で敗退
2005		2位	89	45	2	.664	※PO②で敗退
2006		3位	75	56	5	.573	
2007		3位	73	66	5	.525	※CS①で敗退
2008		6位	64	77	3	.454	
通算19年間　2507試合			1315	1118	74	.540	

※POはプレーオフ、CSはクライマックスシリーズ。休養した2006、2008年はチームの勝敗数。太字は日本一

◆ 宮本武蔵　年表 ◆

年	出来事
1584	播磨国で生まれる。父については諸説ある
1587	幼少時に剣豪・新免無二の養子となり、13歳で本格的な剣術修業を始める
	家を出て流浪の旅に出発、武者修行をしながら名をあげながら大名家の客分として各地を転々
1600	「関ヶ原の戦い」で黒田官兵衛に従い、九州戦線で戦った説も
1612	佐々木小次郎と「巌流島の戦い」。武蔵の勝利
1615	徳川家の譜代・水野の配下として「大坂夏の陣」に出陣
1638	島原の乱鎮圧のため小倉藩兵に加わり、原城を攻める
1640	肥後国を治める細川家の客分となり、五輪書を起筆
1648	二刀流「二天一流」を生み出した剣豪として名を馳せ、死去

勢力拡大×今川義元

巨人ひとすじ17年間でリーグ優勝9度、日本一3度

原辰徳

巨人球団最多の監督通算1291勝 勢力拡大と散り際が今川義元か

第一～三次政権まで通算17年間、巨人史上最長在任期間の監督となった原辰徳監督。優れた手腕のサラブレッド指揮官は公家の流れをくむ有能大名・今川義元と相似する

はら・たつのり
1958年7月22日、神奈川県出身。東海大相模高校ー東海大学。高校では甲子園春夏4度出場。80年ドラフト1位で巨人入団。81年リーグ優勝、日本一に貢献して新人王。83年打点王。巨人の第48代の4番として活躍し、95年引退。2002年から巨人監督を3度、計17年間務めてリーグ優勝9、日本一3度。18年殿堂入り。

格式の高い名家に生まれ優れた武将・今川義元

今川義元は1560年「桶狭間の戦い」で織田信長の奇襲に敗れて討たれた。少年時代の徳川家康を人質としていたこともあり、何かと悪役として描かれがちだが、実は非常に優れた武将だったといわれている。

まずは生まれ。駿河・遠江守護の今川氏親の五男として誕生し、母方の祖父は高位の公卿で格式の高い家柄に生まれ育った。原監督も、アマチュア野球の東海大グ

Tatsunori Hara

ループを束ねていた父・貢さんから野球を教え込まれたサラブレッド。義元は武士のなかでは珍しく公家のようなファッションを好んだといわれており、原監督も笑顔としぐさが非常にフォトジェニックだ。

「高木さんは学生時代から原さんをよくご存じのはず。同じ学年で、東都大学野球リーグでそれぞれ中央大学、東海大学として戦った仲ですよね」（本郷教授）

「最初は高校時代に出会っているんですよ。僕は山口県の片田舎にいたのですが、原監督が招待試合で来たんです。原監督は甲子園初夏合計4度出場のアイドル。球場からあふれんばかりの観客が詰めかけて、当時から大スターでした。大学では日米野球も2年連続一緒にやらせてもらいました」（高木氏）

分国法「今川仮名目録」で行政も外交にも手腕

五男・義元は本来、家督を継ぐ立場ではなく一時は僧侶になったほどだったが、継承順位上位の兄弟が相次いで亡くなり、お鉢が回ってきた。室町幕府下の守護大名から、戦国大名となる決意を固め、駿河・遠江に加えて三河をほぼ手中に収めて領土を拡大。領土内の法「今川仮名目録」で統治するなど、行政に力を注いだ。外交では北条氏康、武田晴信（のちの信玄）と三国同盟を結び、後顧の憂いをなくした。

今川氏の最盛期を築いた武将にもかかわらず、悪役として描かれる。これは原監督が巨人の4番として経験したバッシングにも似ているかもしれない。

「巨人の4番として最も叩かれたという話ですよね。重責のポジションですから気の毒でもあります」（本郷教授）

監督通算勝利でV9川上監督を抜く

監督としては２００２〜２００３年、２００６〜２０１５年、そして２０１９〜２０２３年の第三次政権まで、合計17年間務めた。就任初年の２００２年に日本一となり、２００７年はリーグ優勝も、同年開始のクライマックスシリーズのファイナルステージで敗退した。その後、日本シリーズでは２００８年は西武に敗れたが、２００９年は日本ハムに快勝。２０１２年にも日本ハムを退け、監督として自身3度目の日本一に輝いた。

監督通算の１２９１勝は歴代９位。巨人に限れば、V９時代の指揮官・川上哲治監督の１０６６勝を抜いて球団最多だ。

「長く監督をできるということは、力があるということ。東海大付属相模、東海大の監督を務めた

父・貢さんの教えを引き継いだところは多分にあると思います」（高木氏）

しかし、2019年からは2年連続でソフトバンクに1勝もできずに敗退。長きにわたって「セ高パ低」といわれた人気のバランスが変化する分岐点でもあった。2022年から2年連続で4位に沈み、昨オフをもって阿部慎之助新監督にバトンを渡して勇退した。「若大将」の去り際としてはいささか寂しい。

将来はコミッショナー志望？「パ監督就任のススメ」

現在は巨人のオーナー付特別顧問の役職に就いたが、将来的にユニホーム組としては初のコミッショナー就任を念頭に置いていると一部で報道された。高木氏は原監督にエールを送る。

「巨人以外のほかの球団で監督をするところも1球団でもいいから見たい。とくにパ・リーグの監督を2～3年経験すれば、セパ両リーグを知ることになる。本人にコミッショナーになりたいという希望がもしあるなら、そうしたほうがいいと思うなあ」（高木氏）

◆ 原辰徳　監督成績 ◆

年	球団	順位	勝	負	引分	勝率	日本シリーズ
2002	巨人	**1位**	**86**	**52**	**2**	**.623**	**西武に４勝０敗**
2003		3位	71	66	3	.518	
2006		4位	65	79	2	.451	
2007		1位	80	63	1	.559	※CS②で敗退
2008		1位	84	57	3	.596	西武に３勝４敗
2009		**1位**	**89**	**46**	**9**	**.659**	**日本ハムに４勝２敗**
2010		3位	79	64	1	.552	
2011		3位	71	62	11	.534	
2012		**1位**	**86**	**43**	**15**	**.667**	**日本ハムに４勝２敗**
2013		1位	84	53	7	.613	
2014		1位	82	61	1	.573	
2015		2位	75	67	1	.528	
2019		1位	77	64	2	.546	ソフトバンクに０勝４敗
2020		1位	67	45	8	.598	ソフトバンクに０勝４敗
2021		3位	61	62	20	.496	
2022		4位	68	72	3	.486	
2023		4位	71	70	2	.504	
通算17年　2407試合			1291	1025	91	.557	

※CSはクライマックスシリーズ。途中休養あり、年度の勝敗はチームの成績。太字は日本一

◆ 今川義元　年表 ◆

年	出来事
1519	駿河・遠江守護の今川氏親の五男として誕生
1523	禅僧であり家臣の太原雪斎に預けられ、山城国の建仁寺と妙心寺で学んで得度。栴岳承芳《せんがくしょうほう》という名の僧侶になる
1536	兄で当主の氏輝、その弟・彦五郎が死去。「花倉の乱」を経て義元が今川家当主に
1537	甲斐国の守護・武田信虎の娘を正室に迎える。第一次「河東一乱」で武田との同盟関係に刺激を受けた北条による駿河侵攻を受け、富士川以東を占領される
1540	尾張国の織田信秀が三河に侵攻し、撃退しようとするも敗北
1545	第二次「河東一乱」で上杉憲政と同盟、北条から富士川以東を取り戻して和睦
1548	三河に兵を出した織田軍を破り、安祥城を攻略。三河から織田勢力を完全に追い払う
1560	「桶狭間の戦い」で織田信長に討ち取られ死去

実力派×源頼朝

8年間でリーグ優勝4度、日本一1度

落合博満

投手陣に堅守も加えた「守りの野球」 敵と味方の度肝を抜く「根拠ある奇策」

もし落合監督が武将だったら
隣国の大名は枕を高くして眠れないかもしれない。
落合博満監督の采配はオーソドックスでありつつ
勝つことに徹する〝不気味さ〟が漂っていた

おちあい・ひろみつ
1953年12月9日、秋田県出身。秋田工業高校ー東洋大学中退ー東芝府中。78年ドラフト3位でロッテ入団。内野手。81年首位打者、82、85、86年に三冠王。首位打者、本塁打王、打点王を各5度。最高出塁率7度、MVP2度。86年オフにトレードで中日移籍。93年オフにFAで巨人へ。96年オフに自由契約で日本ハム移籍。98年引退。2004年から中日監督を務め04、06、10、11年にリーグ優勝。07年はリーグ2位も53年ぶりに日本シリーズ制覇。11年殿堂入り。

Hiromitsu Ochiai

敵軍にとっては不気味な落合監督の決断

在任期間8年間でリーグ優勝4度、日本一1度。一回もBクラスに転落することなく、〝落合竜〟は最強だった。

相手にとって、落合博満監督は不気味な存在だった。就任1年目の2004年は、一切補強を行わずにシーズンを迎えた。開幕投手には故障で3年間一軍登板なしの川崎憲次郎。しかも、チームの先発陣すら当日まで知らなかったという情報管理で、身内をも震え上がらせた。

このシーズンは圧倒的な投手陣と荒木雅博－井端弘和の鉄壁二遊間「アライバ」も定着してリーグ優勝。2005年は交流戦で不調に陥りシーズン2位となったが、2006年にはチームの防御率、打率がリーグ1位で2年ぶりのリーグVを飾った。

クライマックスシリーズを勝ち上がった2007年には、就任後初めて日本シリーズを制した。その第5戦ではパーフェクトに抑えられていた先発・山井大介の右手中指のマメがつぶれ、9回に守護神・岩瀬仁紀がマウンドへ。完全試合を期待していた観客からはどよめきが起き、この采配は物議を醸した。3年連続V逸で迎えた2010年からリーグ連覇も、日本一には届かずに8年間の長期政権は幕を閉じた。

徹底した情報漏洩《ろうえい》の禁止、本質だけを口にする短い言葉。広いナゴヤドームを本拠地とする守り重視の野球。落合監督は戦国武将だったとしても、敵にとっては不気味な存在だっただろう。

守りの北条氏康か鎌倉幕府の頼朝か

「落合監督は守りの野球なので、北条氏康かとも思ったんですよ。小田原城を守って守って守り抜いて広大な領土を築きましたから。ただ、ものすごく勝ち続けたのに、観客数が減っていったというところが解せない。そう考えると、日本を平定して貴族社会から初めて武家政権へ社会を転換させた征夷大将軍なのに、弟のほうが今でも人々に親しまれているという人気面では不遇？の源頼朝という捉え方もあるかもしれません」（本郷教授）

落合政権時の観客数は、就任1年目の2004年は優勝したにもかかわらず、なぜか前年比減となる年間動員数233万人。監督最終年の2011年には214万人にまで減少していた。落合監督が情報漏洩を嫌い、メディア露出が少なかったからなのか、玄人好みの野球だったからなのか。はたまた強すぎるからだったのだろうか。強さと観客動員は必ずしも比例しなかった。

落合監督は気丈な信子夫人とともに野球人生を歩んできた。頼朝も女傑・北条政子が正室だったことも相似している。

打順に変更なし選手を信じきる強さ

いい時も悪い時も、落合監督の感情レベルは一定だった。ベンチでは激高もしない、大笑いもしな

◆ 落合博満　監督成績 ◆

年	球団	順位	勝	負	引分	勝率	日本シリーズ
2004	中日	1位	79	56	3	.585	西武に3勝4敗
2005		2位	79	66	1	.545	
2006		1位	87	54	5	.617	日本ハムに1勝4敗
2007		**2位**	**78**	**64**	**2**	**.549**	**日本ハムに4勝1敗**
2008		3位	71	68	5	.511	
2009		2位	81	62	1	.566	
2010		1位	79	62	3	.560	ロッテに2勝4敗1分
2011		1位	75	59	10	.560	ソフトバンクに3勝4敗
通算8年間　1150試合			629	491	30	.562	

※太字は日本一

い。いつもベンチの同じ位置から相手と自軍を観察し、変化に気づいて対処する。決断はいつも速かった。

「たとえばタイロン・ウッズの調子が悪いと、思いっきり休ませる。でも、優勝争いが佳境に入ってきたら出場してきます。そういう決断力というか、判断には感服させられましたし、勝負に徹することができるのはすごいですね」（本郷教授）

打順はほぼ動かさない。それは、落合監督が選手を信じていたからだという。

「打線がかみ合わずに優勝が危ういシーズンがあったんです。落合さんに『打てないときもまったく打順をいじらないけれど、変えるつもりはないですか』と聞いたら、『彼らは1年間を通しての数字を持っているのだから、ジタバタしてもダメだし、1年間戦ったら必ず数字を持ってくる。だから変えない』と。そうしたら、そのシーズンに優勝したんですよ。落合さんは選手を信じきれる強さを持っていました」（高木氏）

現役時代は1982、1985、1986年に史上最多3度の三冠王を獲得した天才打者。選手としては通算2236試合、2371安打、打率3割1分1厘、510本塁打、1564打点と圧倒的な成績を残している。

監督としては通算629勝491敗30分け。勝率5割6分2厘という歴代でもトップクラスの結果を残した落合監督が、今度は違う球団で指揮を執るとしたら、きっとまた新たな「勝つ野球」を見せてくれるに違いない。

◆ 源頼朝　年表 ◆

年	出来事
1147	河内源氏・源義朝の三男として誕生。義経は異母弟
1159	「平治の乱」に義朝と参戦し、平氏に敗れる
1160	平清盛の義母による嘆願で助命され、伊豆の「蛭ケ小島」に20年もの間流刑となる
1177	頼朝の監視役だった北条時政の娘・政子と結婚
1180	後白河法皇の息子・以仁王の発令により、打倒・平氏に向けて伊豆で挙兵するも「石橋山の戦い」で敗れ、安房に逃れる。鎌倉に入り、源氏の棟梁として諸国の侍を束ねて「富士川の戦い」に勝利
1184	木曽義仲によって幽閉された後白河法皇を救うべく、弟・範頼と義経を派遣して「粟津の戦い」で義仲を討つ
1185	謀反を企てたとして義経追討の院宣を後白河法皇に要求
1189	奥州を平定する
1192	征夷大将軍となる
1199	死去

連戦連勝
×
上杉謙信

ソフトバンクで2015、2017～2020年に日本一

工藤公康

現役時代も日本一11度の〝優勝請負人〟
監督でも7年間で5度の日本シリーズ全制覇

現役時代は29年間で11度日本一、監督でも7年間で5度日本シリーズ制覇。連戦連勝の工藤公康監督は文武両道の〝軍神〟上杉謙信か

くどう・きみやす
1963年5月5日、愛知県出身。名古屋電気（現・愛工大名電）高校から81年ドラフト6位で西武入団。86年日本シリーズでMVP、翌年もシリーズMVP。西武では11度のリーグ優勝、8度の日本一に貢献。ダイエーでは99年、巨人でも2000、02年日本一。横浜、西武を経て11年に引退を表明。15～21年ソフトバンク監督。

選手でも監督でも「優勝請負人」

現役時代は29年間で14度、監督時代は7年間で5度。これは工藤公康監督が日本シリーズに臨んだ年数だ。いかに驚異的な確率かがわかるだろう。

224勝を挙げた現役29年間はNPB歴代最長タイ。日本シリーズ14度も王貞治監督と並ぶ史上最多タイだ。しかも、そのうち日本一を11度経験しているから恐れ入

Kimiyasu Kudo

る。さらに、その11度は西武、ダイエー、巨人にまたがって経験しており、3球団で日本シリーズの勝利投手になった唯一の選手だ。

現役29年間で 8人の監督と向き合う

プロでの〝初期設定〟は広岡達朗監督だった。もちろん、高校時代から注目され、名古屋電気（現・愛工大名電）3年夏の甲子園では長崎西（長崎）戦でノーヒットノーランを達成している。準決勝で敗れて、卒業後は社会人野球入りを予定していたが、その1981年ドラフト6位で西武入り。プロ1年目から一軍に置かれ、広岡監督からプロとしてのイロハを叩き込まれた。

最優秀防御率4度、最多奪三振2度、最高勝率4度。数々の年少、年長記録を積み上げるなかで、タイプが異なる監督たちのもとでプレーしてきた。

西武時代は1982〜1985年広岡、1986〜1994年森祇晶、FA移籍したダイエーでは1995〜1999年王、巨人は2000〜2001年長嶋茂雄、2002〜2003、2006年原辰徳、2004〜2005年堀内恒夫、横浜では2007〜2009年大矢明彦、現役最終年となった古巣・西武では2010年渡辺久信の各監督だ。

現役29年間で4球団を経験し、8人の監督と向き合ってきた。それにコーチ陣を含めれば、工藤監督が見てきた「指導者」の人数は推して知るべしだ。

「シーズン、そしてシリーズの戦い方をよく知っていますからね。さまざまな監督やコーチも見ているわけですし、広岡さんの教えも踏まえているでしょう。工藤監督は野球の〝育ち〟がいいんですよ。西武の黄金期時代に入団し、名だたる先輩たちの背中を見て育ちました。戦国時代にたとえるなら、しっかりとした武将（広岡監督）のもとで教育を受けてきましたから」（高木氏）

「となると、連戦連勝で〝軍神〟と呼ばれた上杉謙信のような存在ですね」（本郷教授）

連戦連勝の上杉謙信 工藤監督も文武両道

謙信は武田信玄と12年間にわたって5度の合戦を繰り広げた「川中島の戦い」で覇を競い、友好関係にあった織田信長とも1577年「手取川の戦い」で激突し圧勝。「越後の虎」として恐れられた存在だった。

自身を毘沙門天の生まれ変わりだと信じ、坐禅や瞑想をするなどストイックな生活を送っていたといわれている。また、文武両道に秀でていたという。

工藤監督は自身の経験を踏まえて故障しないトレーニングを選手

たちに推奨。監督在任期間に筑波大大学院の博士課程でスポーツ医学を専攻するなど、まさに文武両道を実践している。

「選手にケガをさせないことに注力していました。プロとしての健康管理です」（高木氏）

甲斐拓也と交換日記も選手たちの可能性を広げる

監督としては、選手の可能性を広げる道を指し示してきた。育成出身の捕手・甲斐拓也を育てるために、交換日記をしていたことは有名だ。育成出身でリリーフを務めていた千賀滉大に先発転向を勧め、そのために必要な具体的な練習方法も説いた。

結果、甲斐は常勝軍団の扇の要に成長し、日本代表としても2021年東京2020五輪、そして昨年WBCで世界の頂点に立った。千賀も先発としてのタイトルを総なめにし、育成時代は年俸270万円からスタートしたが、昨年オフのニューヨーク・メッツ移籍で5年総額7500万ドル（約108億7500万円）の大型契約を結び、いきなりエース格として活躍している。

工藤監督は現在、野球解説、講演活動のほかに農業にも着手している。今年で61歳。だが、いつか再び、ユニホームを着る日が来るかもしれない。

◆ 工藤公康　監督成績 ◆

年	球団	順位	勝	負	引分	勝率	日本シリーズ
2015	ソフトバンク	**1位**	**90**	**49**	**4**	**.647**	**ヤクルトに4勝1敗**
2016		2位	83	54	6	.606	※CS①敗退
2017		**1位**	**94**	**49**	**0**	**.657**	**DeNAに4勝2敗**
2018		**2位**	**82**	**60**	**1**	**.577**	**広島に4勝1敗1分**
2019		**2位**	**76**	**62**	**5**	**.551**	**巨人に4勝0敗**
2020		**1位**	**73**	**42**	**5**	**.635**	**巨人に4勝0敗**
2021		4位	60	62	21	.492	
通算7年　978試合			558	378	42	.596	

※太字は日本一

◆ 上杉謙信　年表 ◆

年	出来事
1530	越後国守護代・長尾為景の四男として誕生。幼名は虎千代
1536	父が隠居し、兄・晴影が家督を継ぐ。虎千代は長尾為景から避けられるようなかたちで城下の林泉寺に入門
1543	元服して長尾景虎を名乗り、栃尾城に入城
1544	謀反を起こして攻めてきた越後の豪族を「栃尾城の戦い」で撃退
1550	室町幕府第13代将軍・足利義輝の後ろ盾により、越後国主の地位を確立
1553	第一次「川中島の戦い」で武田軍に勝利
1560	北条氏康の討伐を開始し、関東に進軍
1561	上杉憲政の要請で山内上杉家の家督と関東管領職を相続。名前を上杉政虎、さらに上杉政虎へ改名
1562	北条・武田連合軍により松山城を襲撃されて落城するも、関東に攻め込み諸城を次々と攻略
1564	第五次「川中島の戦い」にて武田信玄と引き分ける
1569	北条氏康と越相同盟を締結し、信玄を牽制
1570	出家して法号「不識庵謙信」を称し、この時点から上杉謙信と名乗るようになる
1577	「七尾城の戦い」にて、織田信長に付こうとしている派閥に勝利
1578	七尾城から援軍要請を受けていた織田軍を追撃。遠征から春日山城に戻り、次なる遠征の準備中に城内の厠で倒れ急死

知恵者×豊臣秀吉

1978年ヤクルト、1982、1983年西武で日本一

広岡達朗

弱者を強者にする「管理野球」
在任8年間で史上3人目の両リーグ制覇

ヤクルトを球団初のリーグ優勝と日本一、弱体化していた西武でも連覇。広岡達朗監督の方針は「管理野球」と呼ばれた。その豊かな知識は知恵者・秀吉を思わせる

ひろおか・たつろう
1932年2月9日、広島県出身。呉三津田高校ー早稲田大学。54年巨人入団、その年に打率.314で新人王。66年引退。引退後は76年途中にヤクルト監督に就任。78年球団初のリーグ優勝、日本一に導く。82〜85年は西武監督でリーグ優勝3度、日本一2度。92年野球殿堂入り。95、96年はロッテで日本プロ球界初のGM。

Tatsuro Hiroka

卒寿を越えても意気軒高

広岡達朗監督は今年で御年92歳。日課は新聞各紙で野球の情報を収集し、午前中はメジャーリーグの試合をテレビでチェック。試合が終わる午後1時以降に取材などを受け、午後3時からは日用品の買い物へ。そしてシーズンが始まれば、プロ野球の試合を見続ける。卒寿を越えた今もなお、すべて野球漬けの日々を送っている。

現役時代は1954年に巨人へ入団すると、1年目から正遊撃手となり、堅実な守備に加えて大卒ルーキーの最高記録（当時＝2リーグ分立後）である打率3割1分4厘をマーク。新人王だけでなく、いきなりベストナインも獲得した。

当時まだ現役だった〝打撃の神様〟川上哲治にもはっきりモノを言う。のちに指揮官となった川上監督とはあつれきが生じ、巨人V9のうち連覇を達成した1966年に引退することになるが、その後は指揮官として偉大なる功績を残した。

「ゼロからつくりだすことができる人」

監督在任期間は通算8年と意外にも短い。ヤクルト時代は1978年に球団初のリーグ優勝、そして全盛期の阪急を撃破して日本一へ導いた。1982年からは西武を4年間率いて就任初年から日本シリーズを連覇した。セ・パ両リーグで日本一となった監督は過去に三原脩、水原茂、そして広岡の3人のみ。そして、ヤクルトは広岡監督の就任まで優勝はゼロ、西武は1963年以来リーグ優勝から遠ざかって低迷しているなかでの優勝だった。

◆ 広岡達朗　監督成績 ◆

年	球団	順位	勝	負	引分	勝率	日本シリーズ
※1976	ヤクルト	5位	52	68	10	.433	
1977		2位	62	58	10	.517	
1978		**1位**	**68**	**46**	**16**	**.596**	**阪急に4勝3敗**
※1979		6位	48	69	13	.410	
1982	西武	**1位**	**68**	**58**	**4**	**.540**	**中日に4勝2敗**
1983		**1位**	**86**	**40**	**4**	**.683**	**巨人に4勝3敗**
1984		3位	62	61	7	.504	
1985		1位	79	45	6	.637	
通算8年　966試合			498	406	62	.551	

※太字は日本一。1976、1979年は自身が監督代行、もしくは途中休養

「広岡さんはゼロからつくりだすことができる人。選手がいなくても言い訳をしなかった。いなければ育てればいいという感じだったのだと思います」（高木氏）

弱いチームを強豪へと育て上げるために、広岡監督はそれまでの知見と、さらに勉強した知識を駆使して冊子をしたためた。現役引退後にスポーツ紙の評論家となった際、記者に口述筆記してもらうのではなく、実際に自分で執筆していた経験がある。デスクからダメ出しを食らいながら修正する日々を送り、それによって「野球の知識が自分のなかで整理されていった」（広岡氏）のだという。

西武を強くした〝広岡ノート〟

「当時の西武は勝てなくて、泥沼か

ら抜け出せなかった」（本郷教授）

「そこで、広岡さんはマニュアルをつくったんです。たとえば、項目が『球場』なら『入ったときに太陽の位置を確認する』『風の方向を確認する』など基本的にやるべきことも含めて一冊にまとめ、徹底的にミーティングしていったんです」（高木氏）

いわく玄米を食べろ、いわくアルカリ水を飲め。それらを含めて広岡監督の方針は「管理野球」と呼ばれたが、玄米は豊富な栄養分と咀嚼《そしゃく》によって得られる効果もあり、アルカリ水は胃腸症状を和らげる効能があるといわれている。長期的に選手のためになるよう考えた理由があってのことだった。

そして、実際に結果を出している。スジの通らないことには口に出して反論するという信念が球団オーナーとの溝につながったが、「広岡さんのおかげ」という思いを抱いているＯＢも多い。

「田淵幸一さんは『打席で何を考えればいいか』を教わって、目からウロコだったのだそうです。広岡さんはやっぱり知的な人。背筋がピンと伸びていて、マウンドに行くときも格好よかったですよ。僕が出演したプロ野球ニュースもご覧になっていて、『豊、あのコメントは……』とコメント指導もしてくれます」（高木氏）

「工藤公康さんも広岡さんの前では直立不動。これには驚きました」（本郷教授）

知識とアイデアで天下統一は秀吉

ゼロから始め、知識とアイデアを駆使して自軍を強固に築き上げる姿は、優れた軍師や臣下を登用しつつ自らも知恵者であった豊臣秀吉の一面を彷彿《ほうふつ》とさせる。

「秀吉は人を評価するやり方が非常にうまかった。天下統一後は石田三成ら文官を登用して官僚組織を整備していますし、それまで槍一辺倒だった武将にもまずは行政で課題を与えてやらせてみる。伊賀国の脇坂甚内がそうでした。秀吉が観察眼に優れていたから、相手の能力を見極められたのだと思います」（本郷教授）

◆ 豊臣秀吉　年表 ◆

年	出来事
1537	尾張の農民・木下弥右衛門の子として誕生したといわれるが、諸説あり
1554	清須城主の織田信長に小者として仕え始める
1561	杉原定利の娘・おねをめとり、木下藤吉郎と名乗り始める
1570	「姉川の戦い」などで武功をたて、信長による浅井・朝倉の撃破の一翼を担う
1573	浅井の居城を与えられ、12万石の大名に。羽柴藤吉郎秀吉と名乗る
1577	姫路城に拠点を置き、中国地方攻略を担当
1582	「本能寺の変」で中国地方から取って返す「中国大返し」。信長死去から11日後、明智光秀を「山崎の合戦」で破る
1584	「小牧・長久手の戦い」で徳川家康の連合軍と戦い、和睦する
1585	武士として初めて関白となる
1586	さらに太政大臣に任命され、豊臣の姓を授かる
1587	バテレン追放令を発し、貿易の独占を図る。京都における豪華絢爛《けんらん》な邸宅「聚楽第」完成
1590	「小田原征伐」で北条を滅ぼし、さらに伊達政宗を服属させて奥州を平定。ついに天下統一を成し遂げる
1591	おいの秀次に関白を譲り、太閤と名乗る
1592	大陸制覇を目指して朝鮮出兵の「文禄の役」。翌年、側室・淀殿との間に秀頼が生まれる
1596	2度目の朝鮮出兵となる「慶長の役」
1598	病没、出兵していた朝鮮から全軍撤退

寝業師×斎藤道三

事実上のGMとして辣腕を振るった異色の黒幕

根本陸夫

ドラフト、トレードで〝球界の寝業師〟
戦国武将なら〝美濃のマムシ〟斎藤道三

仰天の選手獲得策は「根本マジック」と呼ばれた。根本陸夫監督は事実上のGMとしての〝名将〟。西武、ダイエーを常勝王国にした手腕は戦国の下剋上を象徴する斎藤道三とも重なる

Rikuo Nemoto

西武とダイエーを常勝軍団に成長させた

西武、ダイエー。

この2球団を常勝軍団に仕立て上げたのは、現場の監督、コーチ、選手たちに加え、〝黒幕〟がいた。「球界の寝業師」と呼ばれた根本陸夫監督だ。

監督としての成績だけを見れば、輝かしいものとは言い難い。1968年に広島の監督に就任し、3位でAクラス入りを果たしたが、以降は鳴かず飛ばずで1972年に退任した。

1978年からクラウンライター（翌1979年から西武）の指揮を執るもAクラスには入れず、1993年から2年間ダイエーで監督を務めたが、最下位と4位に終わっている。

得意分野は水面下での「囲い込み」

しかし、根本監督が最も手腕を発揮したのはグラウンド上よりも、ドラフトやトレードの「チームづくり」。ドラフトでは選手の囲い込みを得意とし、その過程は必ず水面下で行われる。事実上のGMとして辣腕《らつわん》を振るっていた。特徴は鋭い眼光。威圧感が持ち味でもあった。

「僕は外から見ていただけですが、『何かおっかない人だなあ、この人に逆らってはいけない』と感じていました」（本郷教授）

「迫力もありましたが、人徳がある方だったんですよ。ダイエー時代に古巣・西武の選手と大型トレードをしたことがありました。人を大事にしているということだと思います」（高木氏）

根本監督は2球団で〝王国〟をつくった。西武では、クラウンライターを買収して1979年から新球団としてスタートを切った際、初代監督に就任した。

前年オフにはドラフト外で松沼博久・雅之の兄弟の獲得に成功し、トレードでは阪神から田淵幸一、古沢憲司、ロッテから山崎裕之を獲得。後継者には広岡達朗を据えて1981年に監督を退任すると、球団管理部長の職に就き、1985年秋にはドラフトで6球団が競合した清原和博（PL学園）のくじで根本が引き当てた。

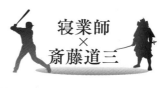

ねもと・りくお
1926年11月20日、茨城県出身。旧制日大三中学(現・日大三高校)ー日本大学ー法政大学ーコロムビア。52年近鉄入団、捕手としてプレーし、57年引退。その後近鉄、広島でスカウト、コーチを務め、68年広島監督、72年退団。78～81年クラウンライター(現・西武)、93、94年ダイエー(現・ソフトバンク)でも監督を務め、事実上のGMとしてもドラフトやトレードで辣腕。99年死去。

世紀のトレードを実現 極めつけは王監督就任

ダイエーでは1992年のオフ、「代表取締役専務兼監督」という前代未聞の役職に就いた。

ほとんど補強をしないまま1993年シーズンに突入し、45勝80敗5分け、勝率3割6分という惨敗で最下位に沈んだ。チームに大ナタを振るう必要性を示したうえで、オフには大幅な〝リストラ〟を敢行した。ダイエーの主力である佐々木誠、村田勝喜ら3人を放出し、古巣・西武からはスター選手の秋山幸二ら3人を獲得するという「世紀のトレード」だ。

さらに石毛宏典、工藤公康、小久保裕紀、城島健司、井口資仁といった、のちに黄金時代の中心となる選手たちを次々と獲得していった。

根本監督のさらなる大勝負は、1995年の王貞治監督就任だった。王監督は1988年に巨人の監督を退任していたが、まさか巨人を代表する国民的大スターが他球団、しかも地方球団で指揮を執るとは、誰も想像だにしていなかったが、事実、王監督は1995年に驚天動地の監督就任を果たしたのだった。

権謀術数で大名に 〝美濃のマムシ〟斎藤道三

戦国時代、権謀術数で商人から大名にのし上がった武将がいる。斎藤道三だ。

生まれた年も場所も不明、名前を何度も変えるなど謎の多い武将で、油の行商から一念発起して武士となった。上官の信頼を得る働きをしては、その上官を討つ。30年以上の年月をかけて野望を実現していき、ついには美濃国を平らげるという偉業を成し遂げた。行動力があり、知略と人心掌握に長けていたことから、〝美濃のマムシ〟と呼ばれた。

政略結婚の一環で1548年に娘・帰蝶（濃姫）を織田信長に嫁がせ、1553年に信長と初対面を果たした際に器量を看破。信長を「うつけ者」と笑う家臣に、「近い将来、お前らは信長の下につく」と〝予言〟した。人物を見極める眼力もまた、球界の寝業師と共通しているかもしれない。

◆ 根本陸夫　監督成績 ◆

年	球団	順位	勝	負	引分	勝率
1968	広島	3位	68	62	4	.523
1969		6位	56	70	4	.444
1970		4位	62	60	8	.508
1971		4位	63	61	6	.508
1972		6位	16	29	2	.356
1978	クラウン西武	5位	51	67	12	.432
1979		6位	45	73	12	.381
1980		4位	62	64	4	.492
1981		4位	61	61	8	.500
1993	ダイエー	6位	45	80	5	.360
1994		4位	69	60	1	.535
通算11年	1351試合		598	687	66	.465

※1972年は6月に辞任

◆ 斎藤道三　年表 ◆

年	出来事
不明	誕生には1494年説、1504年説など諸説あり。生誕地も不明。幼名は「峰丸」
	11歳で京都の寺へ入り、僧侶「法蓮房」に
	20歳で還俗して油商人として行商。「松波庄五郎」と名乗る
	美濃国の土岐氏の家臣・長井長弘に仕える。当時の名前は「西村勘九郎正利」
1527	土岐氏の家督争いで土岐頼芸を立てて反対派を追放
不明	主君の長井長弘を討つ。「長井新九郎規秀」と名乗る
1538	上官の死去に乗じて守護代に。「斎藤新九郎利政」と名乗る
1541	土岐頼芸の弟・頼満を毒殺し、頼芸をはじめ土岐一族を追放
1547	土岐氏が頼った織田信長の父・信秀から攻められるも「加納口の戦い」に勝利
1548	織田家と和睦するために娘・帰蝶を信長に嫁がせる
1552	美濃国の乗っ取りに成功
1553	信長と初対面、才気を見抜く
1554	家督を長男・義龍に譲り、鷺山城へ隠居
1556	義龍と確執、親子による「長良川の戦い」で討ち死

常識破り
×
島津義弘

1989年近鉄、阪神大震災の1995年オリックスでリーグ優勝

仰木彬

1996年オリックスでリーグ連覇と日本一
仰木監督なくして野茂、イチローなし

**巨大な才能には矯正よりも尊重。
当時の価値観と逆行する指導で
メジャーリーガー・野茂英雄、イチローを生んだ。
そのアイデア、采配、そして人情とは**

おおぎ・あきら
1935年4月29日、福岡県出身。東筑高校から54年西鉄入団。二塁手として活躍し、67年引退。88年近鉄監督、89年リーグ優勝。89年ドラフト1位の野茂英雄のトルネード投法をそのまま生かして起用し、92年退団。94年オリックス監督に就任し、イチローを発掘した。95年リーグ優勝、96年日本一。2004年野球殿堂入り。05年に新生オリックスの初代監督も、体調不良で同年勇退し、他界。

Akira Ohgi

現役時代は地味な存在も三原監督から薫陶

　昨年のパ・リーグはオリックスが3連覇を果たした。中島聡監督は日替わり打線を組み、一、二軍の選手をフル活用して起用、投手陣には適度な休養をはさむなど長期的視野に立った独自の采配「ナカジマジック」が光った。

　オリックスの日替わり打線――そこに仰木彬監督のDNAを感じた方もいるだろう。オリックスを1996年日本一に導いた「仰木マジック」だ。

　仰木監督は現役時代、二塁手として西鉄一筋14年間プレー。通算1328試合に出場したが、打率2割2分9厘、70本塁打、326打点。稲尾和久、中西太らスター選手と比較すれば、目立った存在とは言い難かった。

　しかし、縦横無尽の采配が「三原マジック」と呼ばれた三原脩監督にルーキーイヤーから起用され、プロ6年目までをともに過ごした。

　1967年の現役引退後は西鉄で選手兼任の中西太監督のコーチを務め、1970年には近鉄で三原監督の下、コーチに就任。1974年から就任した西本幸雄監督の下でも引き続きコーチを務め、コーチ歴20年もの間に6人の監督と接しながら、帝王学を学んだ。

近鉄で伝説の「10・19」オリでは震災乗り越え

　監督生活はドラマチックだった。1988年に近鉄監督に就任すると、シーズン終盤に猛然と追い上げて10月19日のダブルヘッダーでロッテに連勝すれば優勝、というところまでこぎつけた。第1試合は9回に代打・梨田昌孝の決勝タイムリーで辛勝。第2試合は一進一退の攻防の末、延長10回に引き分け。逆転優勝を逃したが、翌1989年にリーグ優勝を果たしている。

　オリックスでは就任2年目の1995年、1月17日に本拠地の兵庫・神戸も甚大な被害を受けた阪神・淡路大震災が起こった。選手、球団関係者も被災し、一時は試合の神戸開催も危ぶまれたが、スローガン「がんばろうKOBE」を旗印にチームは一丸となった。6月から2位を引き離し、最終的に12ゲーム差をつけて11年ぶりのリーグ優勝。翌1996年は連覇を果たしたうえに日本シリーズを制覇した。

変幻自在の「仰木マジック」無類の強さは島津義弘

　戦術は日替わり打線、小刻みな継投策。時には非情な采配も加えながら、あの手この手で相手チームを攻め立てた。

「仰木さんは何十通りもの日替わり打線を組みましたからね。三原さんの直系の教え子ですし、何でもできた人でした」（高木氏）

「アイデアマンではさまざまな戦い方をした秀吉が代表的ですが、べらぼうに強いという点では、島津義弘が代表格です。結束が強い島津家において、当主の兄・義久は内政を、義弘は軍事面を担当し勢力を拡大していきました。また、薩摩藩独特の子弟教育制度『郷中教育』の基盤を築いたともいわれ、あの西郷隆盛を育てた人物でもあります」（本郷教授）

　義弘は家臣に対して人情の厚い人物だったという。1600年「関ヶ原の戦い」では西軍につき、敗色濃厚となった島津軍は相手の意表を突き、正面の敵に突っ込んで退却する常識破りの退却戦で活路を開いた。これは「島津の退き口」として語り草となっている。

教え子にはメジャーリーガー多数

　家臣が惚れるほどの最強の親分となると、仰木監督も同じタイプといえるだろう。トルネード投法の野茂英雄、振り子打法のイチローを矯正せず個性を伸ばし、ともに偉大なメジャーリーガーになる道筋をつけた。ほかにも田口壮、長谷川滋利、吉井理人ら多くのメジャーリーガーを輩出した。

　また、「イチロー」「パンチ佐藤」の奇抜な登録名も、仰木監督ならではのアイデア。個性あふれる選手たちの背中を押す監督だった。

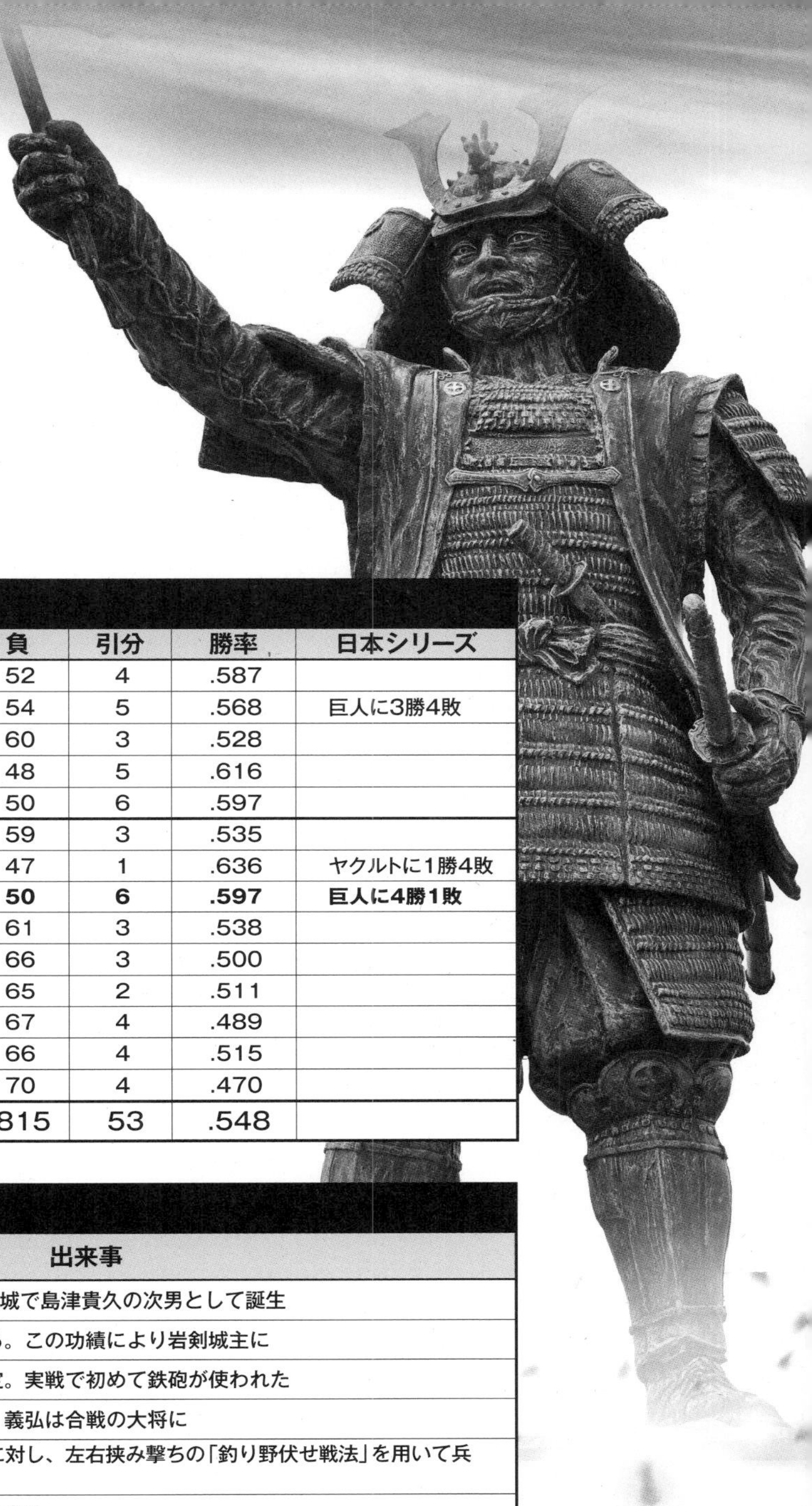

2005年には、前年の球界再編で統合球団となった「オリックス・バファローズ」で当時球界最年長監督となる70歳で指揮を取ったが、体調の悪化で最終戦翌日の9月29日に退任を発表した。その約2カ月後、肺がんによる呼吸不全のため他界。恩師の衝撃的な死に、教え子たちは驚きと悲しみの涙にくれた。

◆ 仰木彬　監督成績 ◆

年	球団	順位	勝	負	引分	勝率	日本シリーズ
1988	近鉄	2位	74	52	4	.587	
1989		1位	71	54	5	.568	巨人に3勝4敗
1990		3位	67	60	3	.528	
1991		2位	77	48	5	.616	
1992		2位	74	50	6	.597	
1994	オリックス	2位	68	59	3	.535	
1995		1位	82	47	1	.636	ヤクルトに1勝4敗
1996		**1位**	**74**	**50**	**6**	**.597**	**巨人に4勝1敗**
1997		2位	71	61	3	.538	
1998		3位	66	66	3	.500	
1999		3位	68	65	2	.511	
2000		4位	64	67	4	.489	
2001		4位	70	66	4	.515	
2005		4位	62	70	4	.470	
通算14年　1856試合			988	815	53	.548	

※太字は日本一

◆ 島津義弘　年表 ◆

年	出来事
1535	現在の鹿児島県にあった吹上の伊作城で島津貴久の次男として誕生
1554	大隅国西部岩剣城で戦い初陣を飾る。この功績により岩剣城主に
1557	蒲生との戦いに勝利し西大隅を平定。実戦で初めて鉄砲が使われた
1566	兄・義久が当主に。兄は行政、弟・義弘は合戦の大将に
1572	「木崎原の戦い」で敵軍3000の兵に対し、左右挟み撃ちの「釣り野伏せ戦法」を用いて兵300にて勝利
1578	耳川にて大友宗麟の軍と激突し追いやる
1584	「沖田畷の戦い」で有馬晴信との連合軍にて勝利。勢力を北九州まで拡大
1586	豊臣秀吉の九州停戦令を無視して豊後へ攻め入る
1587	九州に大軍を率いて上陸してきた秀吉に「根白坂の戦い」で敗北。兄の当主・義久は降伏を決断
1592	朝鮮出兵の「文禄の役」に参戦
1598	朝鮮出兵の「慶長の役」に参戦。「泗川の戦い」で挑戦の大軍を兵7000で破る。撤退前最後の海戦で小西行長を救出し、5000石加増。帰国後、剃髪して惟新斎と名乗る
1600	「関ヶ原の戦い」で西軍へ加勢。敵に囲まれるも「たとえ討たれるといえども、敵に向かって死ぬべし」という指令により、壮絶な退却戦が「島津の退き口」として語り継がれる
1602	家康が島津川の言い分を聞き入れて本領安堵、義弘も不問とされる
1606	大隅国の加治木に隠居
1619	死去

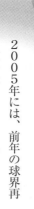

もしプロ野球監督が戦国武将だったら⑩

新風
×
ペリー提督

第二次政権の2005年日本一

ボビー・バレンタイン

NPB初のMLB監督経験者が日本球界を〝開国〟させた日本シリーズ制覇

1995年の初就任時は2位浮上も退任。第二次政権で日本一へ導いた。それはまるで日本を開国させたペリー提督のようだ

NPB初のMLB経験監督 まさに〝黒船来航〟

黒船来航——ボビー・バレンタイン監督の就任は驚きをもって迎えられた。NPB史上初のメジャー監督経験者であり、ロッテ球団初の外国人監督。日本球界に新風を吹き込んだ。

「ペリー提督は1853年に浦賀

ボビー・バレンタイン
1950年5月13日、米国コネティカット州スタンフォード出身。サザンカリフォルニア大学在学中に1968年ドラフトでドジャース1位（全体5位）指名で入団。故障のため79年引退。85～92年レンジャーズ、メッツのマイナー監督を経て95年ロッテ、96年途中～2002年メッツを指揮し00年リーグ優勝。04年にロッテで再び指揮を執り、05年日本シリーズ制覇。

Bobby Valentine

に来航して、日本に開国を迫りました。翌年に結んだ日米和親条約は不平等条約でしたが、日本の文明が進む大きなきっかけとなりました。バレンタイン監督はまさに、ペリー提督のような存在になったと思います」（本郷教授）

1985年から8年間レンジャーズを率い、その後はメッツの3A監督を務めていたが、1995年、広岡GMから請われてロッテ監督に就任した。同GMは事前に調査を重ねたうえで、白羽の矢を立てていた。

バレンタイン監督はメジャー流の文化を持ち込んだ。春季キャンプの練習時間は従来よりも短く、シーズン中も選手たちの疲労度を考慮して完全休養日を設けた。そして、最先端のデータをもって選手たちの特質へアプローチしていった。

第一次政権では概念の違いで決裂

一方で練習時間の短さに選手たちが当初は戸惑い、広岡GMも練習量の少なさに違和感を覚え、練習を指揮したこともある。日本では野球に対して克己的な精神、いわば「野球道」で臨むことが尊ばれてきたが、バレンタイン監督は「エンジョイ・ベースボール」。チームを強くしたい思いは同じでも、概念の違いは溝を生んだ。

バレンタイン監督は10年ぶりのAクラスにチームを押し上げたが、1年で日本を去った。しかし、2004年に復帰すると翌2005年に日本一に導いた。

野茂英雄投手のメジャー移籍が〝裏切り〟と受け取られたほどの時代だった1995年——第一次政権時はチーム内であつれきが起きた。しかし、日本人選手が次々と海を渡った第二次政権では、日本一へ導き、再登板を願っていたファンから絶大な支持を受けた。バレンタイン監督が日本球界に吹き込んだ新風は、追い風となって日本球界を進化させたのだった。

◆バレンタイン　監督成績◆

年	球団	順位	勝	負	引分	勝率	日本シリーズ
1995	ロッテ	2位	69	58	3	.543	
2004		4位	65	65	3	.500	
2005		**1位**	**84**	**49**	**3**	**.632**	**阪神に4勝0敗**
2006		4位	65	70	1	.481	
2007		2位	76	61	7	.555	※CS②で敗退
2008		4位	73	70	1	.510	
2009		5位	62	77	5	.446	
通算7年間　966試合			493	450	23	.523	

※CSはクライマックスシリーズ

◆ペリー提督　年表◆

年	出来事
1794	米ニューポートで誕生。本名マシュー・カルブレイス・ペリー。父は商船の船長。兄2人は海軍
1809	15歳の誕生日を前に海軍士官候補生に
1810	プレジデント号の乗組員に。地中海やアフリカなどを航海
1814	結婚し、マンハッタンに住む
1830年代	ブルックリンの海軍工場長官に。「蒸気海軍の父」と呼ばれる
1852	東インド艦隊の司令官に就任。日本に開国を促すよう命じられ、11月24日に米東海岸から出航
1853	現在の7月8日、浦賀沖に来航。同14日には久里浜に上陸
1854	日本和親条約の調印。帰国後は海軍顧問。著書「日本遠征記」を記す
1858	風邪をこじらせて死去

勇猛果敢×福島正則

中日、阪神でリーグ優勝4度、楽天で日本一

星野仙一

史上3人目の3球団V監督
楽天を球団初の日本一に

現役時代は熱いマウンドさばきで人気。星野仙一監督は指揮官となってからも熱血監督として人気を博した。戦国時代も生き抜くであろうその手腕とは

ほしの・せんいち
1947年1月22日、岡山県出身。倉敷商業高校ー明治大。68年ドラフト1位で中日入団。現役通算146勝121敗34セーブ。82年引退。87～91年、96～2001年に中日監督で88、99年リーグ優勝。02年から阪神の監督を務め、03年にリーグ優勝。11年から楽天監督、13年に球団史上初の日本一。17年殿堂入り、18年他界。

Senichi Hoshino

吠える「闘将」史上3人目の3球団リーグV

現役時代はマウンドで熱く燃え、監督となってからはベンチで吠《ほ》えた。闘志を前面に押し出すスタイルだった星野仙一監督は、通算17年間で3球団を4度のリーグ制覇に導いた。通算1181勝は監督通算勝利数で歴代11位。選手をどなりつけることも日常茶飯事で、「闘将」と呼ばれた。

引退後は解説者を経て、1986年オフに39歳で中日の監督に就任。1988年にはリーグ優勝を果たした。1996〜2001年の第二次政権も、99年に指揮官として自身2度目、球団としては11年ぶりのリーグ優勝。しかし、日本シリーズはいずれも敗れた。

2002年から阪神の監督を務め、2003年にリーグ優勝。2011年から楽天の監督に就任し、2013年には創設9年目の新興球団を初の日本一に導く。3球団でリーグ優勝を飾った監督は三原脩、西本幸雄の両監督に次いで史上3人目となった。

チームに戦う姿勢を勇猛な「福島正則」型

古巣の中日を除き、阪神、楽天ではいずれも野村克也監督の後任だった。

「野村さんが『考える野球』を選手たちに与え、それに星野さんが気持ちを注入して引っ張っていく。そういう構図だったのだと思います。技術よりハートの部分、戦う姿勢、厳しさを与えていった方です」（高木氏）

「僕はあくまで外から見ているファンですが、星野さんはガーッといきそうな感じの方なので福島正則タイプかなと思っているんです」（本郷教授）

ボーンヘッドは鉄拳制裁 家族の誕生日には花

豊臣秀吉に仕えた福島正則は、勇猛果敢な「武断派」。1583年「賤ヶ岳《しずがだけ》の戦い」でめざましい武功を挙げた武将7人をたとえた「賤ヶ岳七本槍」に選ばれた。そ

の後も「小牧・長久手の戦い」「四国征伐」などで次々と活躍し、大名に上り詰めた。

星野監督はベンチでいすを蹴り、壁の扇風機を殴って壊したことでも有名。現在ならコンプアライアンスでアウトだが、ボーンヘッドには鉄拳制裁も辞さなかった。

「ナゴヤ球場での試合前、同い年の宇野勝のところに声をかけにいったら、こちらに背中を向けたまま、振り返らないんですよ。これから戦う敵と『今、あいさつしたらダメ』という教えだったのでしょう。一方で、選手の夫人には誕生日に花を贈っていたそうですよね。アメとムチがうまかったのだと思います」（高木氏）

常に名参謀・島野育夫と共に歩む

中日、阪神では名参謀・島野育夫コーチが選手・コーチと星野監督をつなぐ重要な役割を果たした。

「立浪監督に今季から片岡ヘッドコーチがついたように、星野さんには名参謀・島野育夫さんがいました。島野さんは1963年に中日でプロ入りしましたが、どちらかといえば1968〜1975年に在籍した南海で活躍して〝野村イズム〟のなかで育った人。2007年に63歳で亡くなられて非常に残念でした」（本郷教授）。

就任初年に東日本大震災 大局を見る政治力

右腕となる島野コーチを失った星野監督は2011年、創設間もない楽天の監督に就任する。東京六大学時代からの盟友・田淵幸一ヘッドコーチを参謀とし、「弱いチームを強くすることが男のロマン」。3球団目の監督生活に臨もうとしたそのとき。オープン戦の最中だった3月11日、東日本大震災が本拠地の宮城県仙台市を襲った。

兵庫県明石市でロッテ戦の最中だったチームに動揺が走る。家族を心配して仙台へ急行したい思いに駆られる選手たちに、星野監督はしばらく仙台に戻らないこと、そして野球に集中するよう言い渡した。選手から反発を受けたが、それでも貫き、楽天は4月7日に仙台へ帰還。のちに、待機した理由は、交通網も破壊されたなかで国を挙げての救助・支援活動に支障をきたしてはいけないという大局的な判断だったこと、選手の家族の避難を球団と話し合っていたことが明かされている。

「監督という枠にとどまらず、政治力もあった方だと思います。話し方も政治家のような雰囲気もありましたから」（本郷教授

大震災から2年後。田中将大－嶋基宏の黄金バッテリーを軸に、楽天は球団初の日本一に輝いた。

◆ 星野仙一　監督成績 ◆

年	球団	順位	勝	負	引分	勝率	日本シリーズ
1987	中日	2位	68	51	11	.571	
1988		1位	79	46	5	.632	西武に1勝4敗
1989		3位	68	59	3	.535	
1990		4位	62	68	1	.477	
1991		2位	71	59	1	.546	
1996		2位	72	58	0	.554	
1997		6位	59	76	1	.437	
1998		2位	75	60	1	.556	
1999		1位	81	54	0	.600	ダイエーに1勝4敗
2000		2位	69	63	0	.523	
2001		5位	62	74	4	.456	
2002	阪神	4位	66	70	4	.485	
2003		1位	87	51	2	.630	ダイエーに3勝4敗
2011	楽天	5位	66	71	7	.482	
2012		4位	67	67	10	.500	
2013		**1位**	**82**	**59**	**3**	**.582**	**巨人に4勝3敗**
2014		6位	47	57	0	.451	
通算17年間　2277試合			1181	1043	53	.531	

※太字は日本一。2000、14年に休養あり

◆ 福島正則　年表 ◆

年	出来事
1561	尾張国で豊臣秀吉の家臣であった父・正信のもとに誕生。幼名は市松
1578	「三木城の合戦」で兜首を2つ挙げ、禄高200石に
1582	「本能寺の変」で織田信長が死去すると、豊臣秀吉とともに「山崎の合戦」に参戦
1583	「賤ヶ岳の戦い」で武勇を誇る「賤ヶ岳七本槍」の一人に抜擢され、敵将を討ち取る
1584	「小牧長久手の戦い」で活躍
1585	続く「四国征伐」でも連勝し、伊予今治10万石の大名となる
1595	尾張の清須城に移る
1597	「慶長の役」には参加せず、1599年に当時の朝鮮へ再出兵する予定だったが、秀吉の死で出兵計画は消滅
1599	朝鮮出兵における意見の対立で石田三成率いる「文治派」と対立
1600	「関ヶ原の戦い」で豊臣側の武将を引き連れて徳川家康に味方し、徳川の東軍は大勝
1611	家康が豊臣秀頼に面会を要求。加藤清正、黒田長政とともに淀殿を説得して対面
1612	加藤清正、黒田長政、池田輝政ら豊臣家に恩義のある大名が次々と他界し、福島正則は病気を理由に隠居
1615	「大阪冬の陣・夏の陣」で秀頼に加勢を求められるも拒否、江戸に留まる
1619	台風で壊れた広島城を修築したことを武家諸法度違反ととがめられて改易
1624	現在の長野県で病死

近代野球
×
劉邦

監督通算勝利数で歴代1位の1773勝

鶴岡一人

リーグ優勝11度は歴代最多タイ
日本シリーズ2度制覇

南海の黄金時代を築いた鶴岡一人監督。
1950年2リーグ分立以降の19年間で
優勝、2位を各9度。
日本球界を近代化させた手腕とは

Kazuto Tsuruoka

勝率もただ一人6割台 ぶっちぎりの実績

並みいる名監督の頂点に燦然《さんぜん》と輝く。鶴岡一人監督が戦後、南海一筋23年間で積み上げた白星は通算1773勝。監督通算勝利数で歴代1位であり、通算勝率（500勝以上）でもただ一人の6割台となる6割9厘。23年間でリーグ優勝は歴代1位タイの11度。問答無用の名将である。

「偉大すぎる方なので、日本の武将よりも古代中国の将軍のほうがしっくりきそうな気がします」（本郷教授）

「野村克也さんを孫子にしたいなあと思うので、それよりも前の時代の偉大な武将というと……」（高木氏）

「古代中国で漢王朝初代皇帝に就き、現代にまで語り継がれる劉邦のような存在かもしれません」（本郷教授）

劉邦とは、紀元前206年に秦を滅ぼし、その後、漢王朝の初代皇帝の座に就いた人物だ。（現在の江蘇省）沛県の農民の家に生まれ、前210年に秦の始皇帝が死去すると、各地で反乱が起きるなか、これに呼応し挙兵。一方、楚の将軍の血を引く項羽も長江南岸で兵を挙げた。

どちらが秦の都・咸陽がある地域「関中」に先に入るのか、「打倒・秦」のマッチレースが激化していく。

先に劉邦が関中入りを果たし、秦を降伏させるものの、その後、劉邦は大軍を引き連れて関中入りした項羽の配下につくこととなる。

前205年、項羽が義帝として立てた楚王を殺害したことから、劉邦は項羽討伐に乗り出し「楚漢戦争」に突入。前202年に「垓下の戦い」で劉邦が勝利し、漢が中国統一を成し遂げた。

機動力野球にサイン開発 「データ野球」の先駆け

鶴岡監督は1939年に南海入りし、戦時下では陸軍入隊。特攻隊の出撃地となった鹿児島・知覧で陸軍将校を務めていたという。戦後の1946年、南海に選手兼任監督で復帰し、そのときから監督人生が始まった。

軍隊仕込みの指導は厳しく、かつ人情にも厚く「親分」と呼ばれた。「銭の取れる選手になれ」という口癖で、選手たちを鼓舞した。一方で、新たなものを取り入れる柔軟性、合理性も備えていた。1～3番に俊足の選手を並べて機動力野球を始め、育成枠の先駆けともいえるファーム制を導入し、諸説あるが複雑なブロックサインも鶴岡発だといわれる。

さらに、日本球界に「データ野球」を持ち込んだ。球界初ともいわれる専属スコアラーを置き、打球の方向や傾向と対策を采配に練り込んだ。つまり、日本球界の近代化を推進した功労者でもある。

選手兼任監督とあって、優勝監督でMVPを3度受賞という珍現象も起こった。1952年に現役を引退し、翌1953年から専任監督となった。1959年には日本シリーズで過去4度苦杯をなめた巨人を4連勝で下し、初の日本一に輝いている。2日後に行われた「御堂筋パレード」には沿道に20万人が詰めかけた。

オファー多数も 南海後は就任せず

1950年2リーグ分立以降の19年間では優勝9度、2位9度、3位以下は1967年の4位が1度だけ。1968年の退任後も、阪神や西武、近鉄、ヤクルト、中日など数々の球団から監督就任のオファーがあったが、いずれも実現しなかった。

のちに南海の後輩・野村克也監督と確執が生じる。1977年以降は断絶したまま、南海は1988年オフにダイエーへ売却された。

時は流れ、鶴岡は2000年に病のため他界。告別式には、1959年に「涙の御堂筋パレード」を行った御堂筋で、鶴岡の棺《ひつぎ》

つるおか・かずと

1916年7月27日、広島県出身。広島商業高校－法政大学。46～58年登録名は山本一人。高校では31年春の甲子園優勝。南海に入団した39年、10本塁打でタイトル獲得。復員後の46年に選手兼任監督として復帰。現役は52年引退。選手では4番を務め、現役実働8年で打率.295、61本塁打、467打点、143盗塁。打点王など多数。監督としては65年限りで退任も、後任監督の蔭山和夫氏の急死に伴い復帰し68年まで務めた。当時「近畿グレートリング」の南海で優勝。52年まで兼任、53年から専任。南海ホークスの黄金時代を築いた。65年殿堂入り。2000年死去。

を載せた車が行くのを多くの人が見守った。

テスト生から正捕手に抜擢《ばってき》した愛弟子・野村監督との雪解けはないままだったが、雲の上で、鶴岡監督と野村監督が長い空白の時を埋めるように語り合っていると思いたい。

◆鶴岡一人　監督成績◆

年	球団	順位	勝	負	引分	勝率	日本シリーズ
1946	グレートリング	1位	65	38	2	.631	
1947	南海	3位	59	55	5	.518	
1948		1位	87	49	4	.640	
1949		4位	67	67	1	.500	
1950		2位	66	49	5	.574	
1951		1位	72	24	8	.750	巨人に1勝4敗
1952		1位	76	44	1	.633	巨人に2勝4敗
1953		1位	71	48	1	.597	巨人に2勝4敗1分
1954		2位	91	49	0	.650	
1955		1位	99	41	3	.707	巨人に3勝4敗
1956		2位	96	52	6	.643	
1957		2位	78	53	1	.595	
1958		2位	77	48	5	.612	
1959		**1位**	**88**	**42**	**4**	**.677**	**巨人に4勝0敗**
1960		2位	78	52	6	.600	
1961		1位	85	49	6	.629	巨人に2勝4敗
1962		2位	73	57	3	.562	
1963		2位	85	61	4	.582	
1964		**1位**	**84**	**63**	**3**	**.571**	**阪神に4勝3敗**
1965		1位	88	49	3	.642	巨人に1勝4敗
1966		1位	79	51	3	.608	巨人に2勝4敗
1967		4位	64	66	3	.492	
1968		2位	79	51	6	.608	
通算23年　2994試合			1773	1140	81	.609	

※太字は日本一

◆劉邦　年表◆

年	出来事
紀元前256/247	沛県で農民の子に生まれる。苗字は「劉」、名前は「邦」。徒党を組んで遊んでいたが人から慕われる。30歳で下級役人となり、泗水の亭長に
紀元前210	秦の始皇帝死去
紀元前209	「陳勝・呉広の乱」が起き、劉邦も沛で挙兵。一軍の大将となり、「沛公」を称する
紀元前206	打倒・秦で項羽と覇を競い、秦の都・咸陽へ迫ると秦側が降伏。秦王朝滅亡。新しい法律「法三章」を宣言
	先に関中へ入った方がその土地を支配できるはずだったが、劉邦は遅れて到着した項羽の配下に入る意思を示す
	和解の酒宴が開かれたが、暗殺を察知した部下たちの助けで脱出。この場面がいわゆる『史記』の「鴻門の会」である
紀元前205	項羽が義帝（楚王）を討ったことから、項羽討伐を掲げて4年間にわたる「楚漢戦争」に
紀元前202	四面楚歌で知られる「垓下の戦い」で項羽を下す 漢が中国を統一。初代皇帝となる
紀元前195	死去

達人×呉子

西鉄でリーグ優勝4度、日本シリーズで巨人相手に3連覇

三原脩

選手を生かす変幻自在の「魔術師」「流線型打線」はセイバーメトリクスの先駆け？

現在も伝説となっている「三原野球」。
三原脩監督は1950〜1960年代に
弱小の西鉄、大洋を日本一まで引き上げた。
その手腕は不世出の兵法家・呉子を思わせる

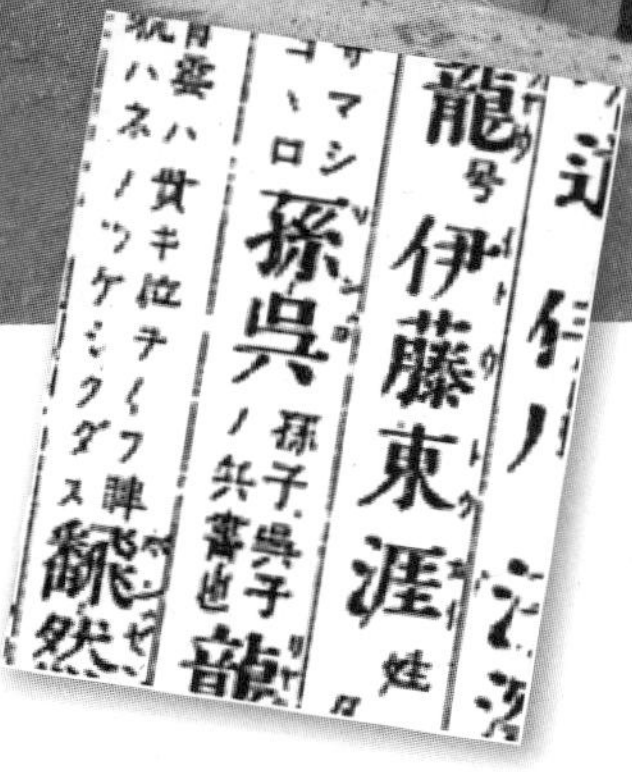

みはら・おさむ
1911年11月21日、香川県出身。旧制高松中学（現・高松高校）ー早稲田大学。高校では遊撃手として28年の夏の甲子園4強。大学では東京六大学リーグに67試合出場で打率.294も、結婚を機に中退。34年に大日本東京野球倶楽部（現・巨人）の契約1号選手となり、通算3年で108試合出場、打率.226。47年から巨人の監督、その後西鉄、大洋、近鉄、ヤクルトの監督を歴任。西鉄で3度、大洋で1度日本一。83年殿堂入り。84年に他界。

Osamu Mihara

古代中国の天才兵法家「呉子」

その昔、群雄割拠の古代中国、戦国時代。天才兵法家と呼ばれた人物がいた。世界的にも有名となった「孫子」に比肩するといわれる、「呉子」こと呉起だ。

小国・衛に生まれ、能力の高い兵法家として評判だったが、諸国を渡り歩くことになった。魯では斉の軍勢を撃退し、魏では秦との戦いを指揮。いずれも活躍したが、魏の文侯が死去すると、立場が危うくなって今度は楚へ。悼王から宰相に任命されて領土拡大に貢献したが、悼王の死去後には反対派に殺されるという不遇の天才だった。

その才能は達人レベルだが、なぜか行く先々で紛糾。それは日本プロ野球における三原脩監督と重なって見える。

西鉄の個性派軍団で古巣・巨人撃破

巨人での現役生活はわずか3年で幕を閉じたが、1947年に巨人の監督に就任。1949年には就任3年目でリーグ優勝を果たすも、2リーグ分立によって選手の引き抜き合戦が起こるなかで内紛が勃発。水原茂が監督となり、三原は総監督の肩書となったが、1年で巨人を辞した。

翌1951年には、新天地・福岡で西鉄の監督に就任した。個性派がそろう選手たちの長所を伸ばす手法でまとめ上げ、1954年にはリーグ初優勝、1956年日本シリーズでは因縁の水原監督が率いる巨人と激突。「巌流島の戦い」とも呼ばれた世紀のシリーズで、三原監督は新人・稲尾和久を6連投させ、巨人を4勝2敗で撃破して球団初の日本一に輝いた。

以降、日本シリーズ3連覇を成し遂げた采配は「魔術師」「三原マジック」と呼ばれるようになった。

液体力学がヒントの「流線型打線」

連覇した1957年、「流線型打線」を構築した。「流線形」とは、液体力学において空気抵抗が少ない物体の形のこと。それを打順に反映させるものだった。1番から4番に向かって打力の高い打者を並べていき、5番以降はなだらかに。形としては「涙」のボトムを左に向けて寝かせると、上辺が打力の曲線に相当するというわけだ。

三原監督は、気が強い豊田泰光を2番に据えた。バントをしない2番は当時、画期的だった。

「タイプ的には3番か4番がよさそうに思えるのですが、もしかしたら三原監督はセイバーメトリクスを先取りしていたのかもしれないですよ」（本郷教授）

最下位・大洋を就任1年目で日本一に

3連覇した1958年日本シリーズは3連敗の崖っぷち。稲尾が6試合登板し、チームを4連勝に導いて巨人を三たび撃破した。「神様、仏様、稲尾様」。あの名言はこのシリーズで生まれている。

このオフには大洋監督就任が取りざたされてひと悶着《もんちゃく》。続投することになったが、行く先々での騒動は三原監督につきものだった。

1960年には、当時6年連続最下位だった大洋の監督に就任、選手たちには「一芸」を磨くようアドバイスし、「超二流選手」を育成。それぞれの長所を最大限に引き出した采配を振るった。時には偵察メンバーを7人起用するなど大胆な奇策を取ることもあった。いきなり就任1年目でリーグ優勝させ、日本シリーズでは大毎に4連勝を飾って球団初の日本一に輝いた。

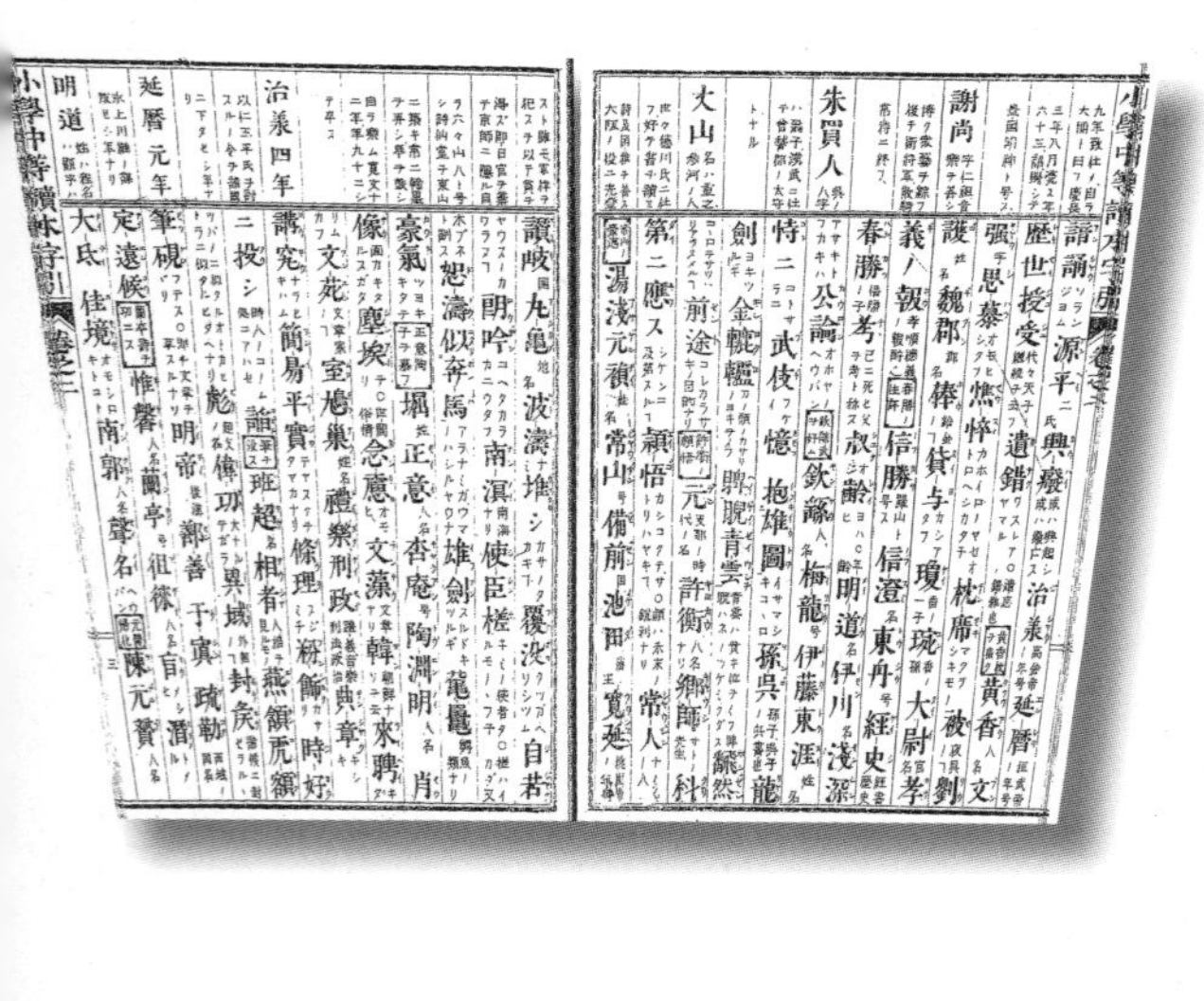

「三原ノート」は世界一の原動力に

メモ魔の三原監督は生前、大量のメモを残していた。それは娘婿の中西太の手に渡り、ヤクルト時代に中西に師事した栗山英樹に引き継がれた。そして昨年、WBCで日本代表を率いた栗山英樹監督は侍ジャパンを世界一へと導いた。

日本を世界一に押し上げる知識の源となった魔術師・三原監督。

魔術師は英語では「Wizard」だが、もう一つの意味に「達人」がある。まさに、三原監督は「監督の達人」だったのだ。

◆三原脩　監督成績◆

年	球団	順位	勝	負	引分	勝率	日本シリーズ
1947	巨人	5位	56	59	4	.487	
1948		2位	83	55	2	.601	
1949		1位	85	48	1	.639	
1951	西鉄	2位	53	42	10	.558	
1952		3位	67	52	1	.563	
1953		4位	57	61	2	.483	
1954		1位	90	47	3	.657	中日に3勝4敗
1955		2位	90	50	4	.643	
1956		**1位**	**96**	**51**	**7**	**.646**	**巨人に4勝2敗**
1957		**1位**	**83**	**44**	**5**	**.648**	**巨人に4勝0敗1分**
1958		**1位**	**78**	**47**	**5**	**.619**	**巨人に4勝3敗**
1959		4位	66	64	14	.508	
1960	大洋	**1位**	**70**	**56**	**4**	**.554**	**大毎に4勝0敗**
1961		6位	50	75	5	.404	
1962		2位	71	59	4	.546	
1963		5位	59	79	2	.428	
1964		2位	80	58	2	.580	
1965		4位	68	70	2	.493	
1966		5位	52	78	0	.400	
1967		4位	59	71	5	.454	
1968	近鉄	4位	57	73	5	.438	
1969		2位	73	51	6	.589	
1970		3位	65	59	6	.524	
1971	ヤクルト	6位	52	72	6	.419	
1972		4位	60	67	3	.472	
1973		4位	62	65	3	.488	
通算26年　3248試合			1687	1453	108	.537	

※太字は日本一

◆呉子　年表◆

時期	出来事
中国 戦国時代	衛に生まれる。本名は「呉起」。
	孔子の高弟に師事し、魯国王に仕える
	母が死去したが家に帰らず、「孝」をおろそかにしたことで解雇される
	斉軍が迫るなか、斉出身の妻を殺して忠誠心を示し、魯の将軍に抜擢される
	斉を撃退したが反対派も多く、立場が危うくなって諸国を渡り歩く
	魏の文侯に仕え、秦との戦いに辣腕を振るう
	文侯の死後に立場が危うくなり、楚の悼王のもとで宰相に。領土を拡大する
	悼王の死後、反対派に殺される

戦略×太公望

戦前の巨人で5連覇含むリーグ優勝7度

藤本定義

巨人の第一次黄金時代を築いた指揮官
監督通算は歴代最長29年間

**戦前の巨人を鍛えに鍛え
1930～1940年代の第一次黄金期を築く。
スパルタ・戦略を両立させた手腕は
古代中国の名宰相を彷彿とさせる**

初の「地獄のキャンプ」伝説の千本ノック

日本プロ野球史上において、巨人・阪神の両方で監督を務めた唯一の指揮官。藤本定義監督は指揮官として歴代最長の監督実働29年を数えるが、実はプロ野球経験がない。「職業野球」発足当時だった背景もあるが、監督最終年となった1968年以降、プロ野球経験ゼロの監督は存在しない。稀《う》有《け》な存在なのだ。

Sadayoshi Fujimoto

「職業野球」が始まって間もない1936年、藤本監督は就任1年目を迎えた。その9月、藤本監督は群馬県館林市の分福（茂林寺）球場でキャンプを敢行する。選手兼任の三原監督、そして白石敏男（のちに勝巳と改名）、中島治康ら選手を引き連れて千本ノックを実施し、まさに血ヘドを吐きながら猛特訓。巨人名物「地獄のキャンプ」の始まりともいわれる。

藤本政権下の打線は主に1番・白石または千葉茂、2番は水原茂、そして中島、川上が中軸を務めるという豪華布陣。川上は藤本監督のもとでタイトル常連に成長。政権下の終盤に4番・川上、5番千葉が定位置になった。投手陣には沢村栄治、ロシア生まれで北海道旭川市育ちのスタルヒンらがおり、リーグ優勝は7度を数えた。

野球王国・松山出身 通称「伊予の古狸」

スパルタだけでなく戦略家だったことと、出身地の松山をかけて、通称は「伊予の古狸《ふるだぬき》」。古狸とはご挨拶だが、感情が豊かで、選手の門出にはともに大喜びしたという。ちなみに、伝説の「千本ノック」を行った球場は、狸が茶釜に化けるおとぎ話が語り継がれる「茂林寺」の土地に存在していた。ここでも狸と縁があるあたり、さすが「伊予の古狸」ともいえる。

「水原さん、三原さんも四国（香川県）出身ですよね。四国はその昔、野球の本場のような立ち位置だったそうですよね」（本郷教授）

明治期の俳人・正岡子規は愛媛県松山市出身。1884年に日本に持ち込まれたばかりの「Ｂａｓｅｂａｌｌ」を体験し、野球好きで知られる。1889年に故郷の松山で旧制松山中学の生徒に指導したほか、自身の幼名「升（のぼる）」にちなみ、「野球（のぼーる）」という雅号を使っていた。

子規がまいた野球の芽は松山で広がり、四国中へ伝播《でんぱ》。高校野球では「四国四商」と呼ばれる高松商（香川）、徳島商（徳島）、松山商（愛媛）、高知商（高知）が全国的にも強豪として名を馳せた。

たぬきの像が並ぶ茂林寺

太公望も古狸？ 斉を強国に拡大

「伊予の狸といわれるほどの戦略家であれば、古代中国の名宰相・太公望（呂尚）かな。現代で『太公望』といえば、釣り人だと思われてしまいますが、現在の山東半島あたりに斉という国をつくった人です。周の文王に見いだされ、暴君で知られる殷の紂王《ちゅうおう》を討ったといわれています」（本郷教授）

太公望は宰相として合理主義であり、進軍についての占いが「凶」と出たが、そのまま進軍させて大勝。進軍させた理由も、敵の内情を察知していたからという〝古狸〟ぶりを見せている。太公望の亡き後も斉は発展し、前386年に田氏に実権が移るも存続した（それ以前を姜斉、以降を田斉と称する）。「戦国の七雄」のひとつにも数えられたが、前221年に秦に滅ぼされた。

藤本監督はまさに「巨人」という強国の基礎の基礎を作りあげた太公望のような人物だったのだ。

阪神で史上初のリーグ優勝2度監督

1960〜1961年には大阪・阪神でヘッド兼投手コーチを務めた。ヘッドにもかかわらず、いきなり二軍指導を命じられたが、シーズン序盤に最下位となったことから、再び一軍に呼び戻されて7月に監督就任。後半戦は37勝27敗1分けと勝ち越した。

1962年には「打倒・巨人」を目標とし、巨人ＯＢの青田昇

ふじもと・さだよし

1904年12月20日、愛媛県出身。旧制松山商業学校（現・松山商業高校）ー早稲田大学。大学時代は投手で、東京鉄道局（現・JR東日本）野球部の監督を経て、巨人の初代監督に就任。プロ野球創成時からの黄金期を築いた。当時の愛称は「闘犬」。知将であり、「伊予の古狸」と呼ばれた。以降、太陽、金星、大映などの監督を歴任し、60年から大阪（阪神）タイガースのコーチ、翌61年途中から監督に就任した。監督の実働29年は現在も最長記録。通算3200試合の指揮を執り、リーグ優勝9度。74年に野球殿堂入り。81年2月18日に76歳で逝去。

をヘッドコーチに招へい。リーグ優勝を果たし、1964年にもリーグ優勝を飾ったが、残念ながら日本シリーズ制覇とは縁がなかった。

阪神の監督で2度リーグ優勝を飾った監督は、昨年岡田監督が成し遂げるまで、藤本監督ただ一人だった。5球団を指揮した監督は、三原脩、石本秀一と並ぶ最多タイ。〝伊予の古狸〟は球界に偉大なる爪痕を残していった。

◆ 藤本定義　監督成績 ◆

年	球団	順位	勝	負	引分	勝率	日本シリーズ
1936夏	巨人	−	2	5	0	.286	
1936秋		1位	18	9	0	.667	
1937春		1位	41	13	2	.759	
1937秋		2位	30	18	0	.625	
1938春		2位	24	11	0	.686	
1938秋		1位	30	9	1	.769	
1939		1位	66	26	4	.717	
1940		1位	76	28	0	.731	
1941		1位	62	22	2	.738	
1942		1位	73	27	5	.730	
1946	パシフィック 太陽	7位	42	60	3	.412	
1947		7位	50	64	5	.439	
1948	金星 大映	7位	60	73	7	.451	
1949		3位	67	65	2	.508	
1950		3位	62	54	4	.534	
1951		4位	41	52	8	.441	
1952		4位	55	65	1	.458	
1953		3位	63	53	4	.543	
1954		8位	43	92	5	.319	
1955		6位	53	87	1	.379	
1956		7位	57	94	3	.380	
1957	阪急	4位	71	55	6	.561	
1958		3位	73	51	6	.585	
1959		5位	48	82	4	.369	
1961	阪神	4位	60	67	3	.473	
1962		1位	75	55	3	.577	東映に2勝4敗1分
1963		3位	69	70	1	.496	
1964		1位	80	56	4	.588	南海に3勝4敗
1965		3位	71	66	3	.518	
1966		3位	64	66	5	.492	
1967		3位	70	60	6	.538	
1968		2位	72	58	3	.554	
通算29年　3200試合			1657	1450	93	.533	

◆ 太公望　年表 ◆

時期	出来事
紀元前11世紀頃	生まれは謎に包まれているが、通名は「呂尚」とされる 高齢になってから釣りをしているときに姫昌（のちの文王）と出会ったとされ、周の軍師に
	悪逆非道な殷・紂王の討伐へ。占いで「凶」と出るも出兵を促す 紂王を撃破し、文王、その息子の武王を補佐して天下統一を成し遂げる
	斉を任され、領地の発展に尽力。のちに斉は大国に成長 死去

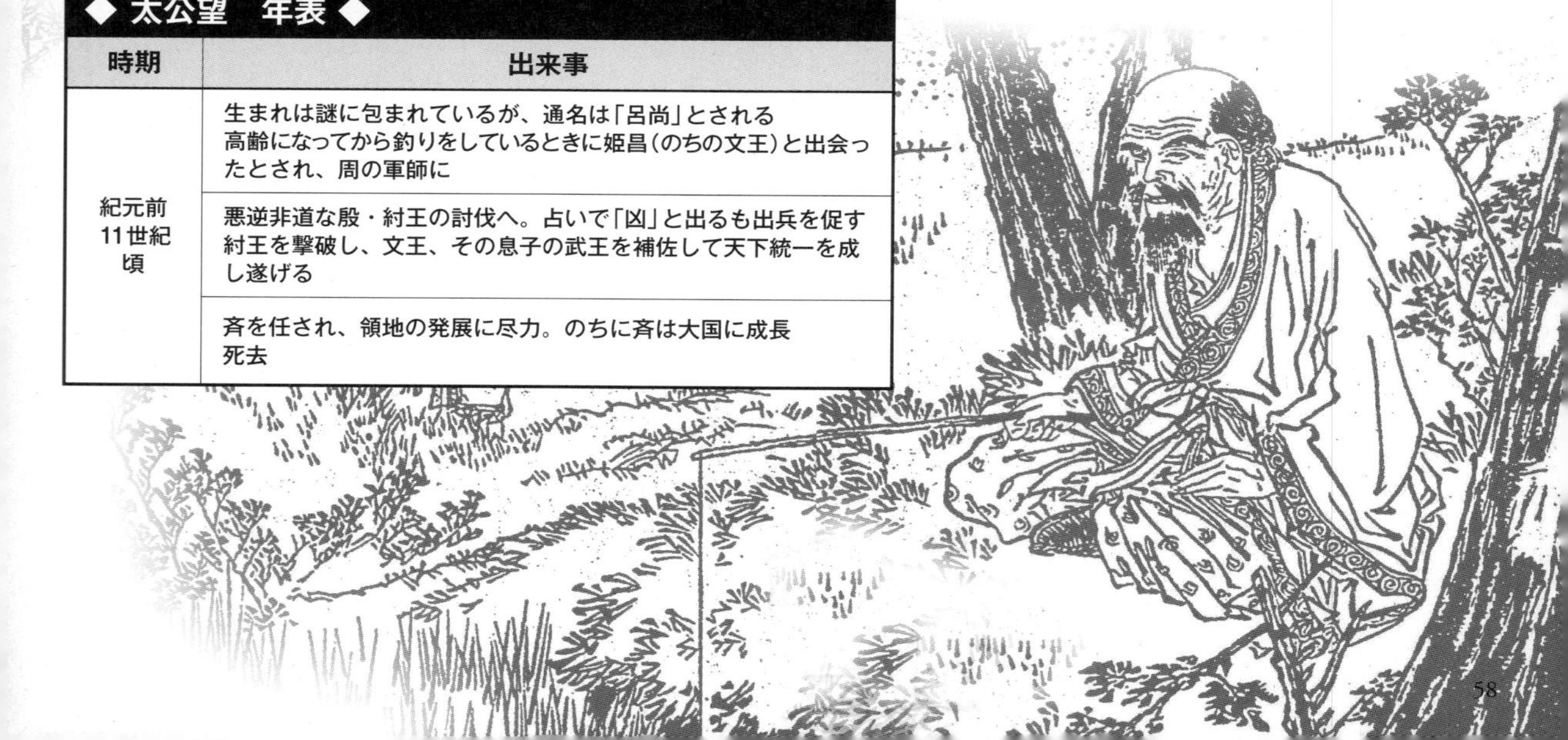

勝負師×竹中半兵衛

巨人在任11年間でリーグ優勝8度、日本一4度

水原茂

1951年から3年連続日本一
東映でも日本一で両リーグ〝制覇〟

監督に必要な要素とは「非情になれるかどうか」（高木氏）。水原茂監督は非情采配も辞さず勝負師として巨人の礎を築いた

みずはら・しげる
1909年1月19日、香川県出身。旧制高松商業学校（現・高松商業高校）ー慶応大学。高校では25、27年夏の甲子園優勝。大学では三塁手でとして東京六大学野球の花形選手。36年巨人入団。50年に選手兼任監督、専任監督となった51年から3年連続日本一。55 ～ 59年リーグ5連覇、55年日本一。東映、中日でも監督を務め、監督通算21年間で歴代4位の1586勝。77年殿堂入り。82年他界。

Shigeru Mizuhara

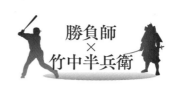

現在の巨人の基盤をつくる三原監督とのライバル物語

常勝軍団・巨人の基礎をつくった人物だ。水原茂監督は1950～1960年の11年間巨人を率い、リーグ優勝8度、日本一4度。水原監督のあとを川上哲治監督が率い、V9時代が到来する。巨人、そして球界の歴史において欠かせない人物だった。

「現在の巨人の礎を築いた方ですよね」（本郷教授）

水原監督は巨人の監督として戦い続けた。その最たるライバルが、就任前まで指揮を執っていた三原脩監督だ。

同じ香川県出身。三原は早稲田大、水原は慶応大の選手として六大学リーグで活躍し、1931年春の早慶戦で三原が投手・水原に対して伝説のホームスチール。プロ入り後もライバル関係が深まっていく。

水原監督は現役時代三塁手のレギュラーで、時に投手も務めた。1939年からは主将を務め、1942年に出征。敗戦後はシベリア抑留に耐え抜き、1949年に帰国した。その4日後には後楽園球場へ行き、試合前に「水原茂、ただいま帰ってまいりました」とあいさつし、場内は感動の拍手に包まれたという。

しかし、この日から水原の運命が動き出す。シーズン終了後に三原監督を排斥する運動が起こり、その流れで1950年から兼任監督に就任することに。1番・与那嶺要、2番・千葉茂、そして4番に川上という強力打線とエース別所毅彦らを擁し、1951年に初の日本一に輝く。

勝つためには非情采配も辞さず、以降1953年まで日本シリーズ3連覇を飾り、巨人の「第二次黄金期」をつくりあげた。

日本シリーズでは三原マジックに苦杯

1956～1958年には3年連続で三原監督の西鉄と激突。2人のライバル関係から「巌流島の戦い」などと呼ばれたが、巨人は3年連続で日本一を逃した。

そして三原監督は西鉄の監督を辞したあと、1960年に大洋の監督に就任。同じリーグでのライバル対決が話題になった。

このシーズンは大洋が優勝し、水原監督は結果として5年連続で日本一を逃すこととなり、三原監督に苦杯を喫したまま辞任した。

1961年には下位常連だった東映の監督に就任すると、同年に2位に浮上。球団史上最多の貯金31、首位打者・張本勲、ほかにもリーグ最高の成績を挙げる選手が続出するなど、水原監督の手腕と采配が光った。翌1962年にはリーグ優勝、日本シリーズでは藤本定義監督率いる阪神と対戦し、球団史上初の日本一へ導いた。

1969年から3年間指揮を執った中日では優勝できなかったが、ともにドラフト1位の星野仙一、谷沢健一を教育し、のちの球界に大きな影響を与えた。

美男子の天才軍師竹中半兵衛か

セ・パ両リーグでチームを日本一に導いた監督は水原、三原、広岡達朗の3人のみ。いずれも非情采配を辞さない勝負師だ。

記録に彩られた水原監督だが、女性にモテモテだったという。慶応大時代は大人気女優・田中絹代とのロマンスが大きく報道されている。

「天才軍師といわれた竹中半兵衛も美男子だったそうですよ」（本郷教授）

戦国時代を生きた半兵衛はその容姿に加え、若かりし頃から才気あふれる頭脳が評判で、エピソードには事《こと》欠かない。

主君・斎藤龍興をいさめるとして、なんと稲葉山城を占拠し、龍興を追放したこともある。その間に織田信長から城を明け渡せば美濃国を半分与えると臣従を促されたが拒否。半年ほど占拠したのち、龍興に城を返してしまった。

すると豊臣秀吉から三顧の礼を持ってスカウトされ、軍師として迎えられた。朝倉に寝返った浅井長政を討伐する際は、変則陣形で大勝利。長政が逃げ込んだ難攻不落といわれた小谷城攻略に成功するなど、軍師として天下一品の力を発揮した。

　最期は志半ばで病に倒れたが、水原監督は1982年に73歳で他界。巨人の基盤を築いた功労者に対し、巨人は史上2人目の球団葬で見送った。

◆ 水原茂　監督成績 ◆

年	球団	順位	勝	負	引分	勝率	日本シリーズ
1950	巨人	3	82	54	4	.603	
1951		**1**	**79**	**29**	**6**	**.731**	**南海に4勝1敗**
1952		**1**	**83**	**37**	**0**	**.692**	**南海に4勝2敗**
1953		**1**	**87**	**37**	**1**	**.702**	**南海に4勝2敗1分**
1954		2	82	47	1	.636	
1955		**1**	**92**	**37**	**1**	**.713**	**南海に4勝3敗**
1956		1	82	44	4	.646	西鉄に2勝4敗
1957		1	74	53	3	.581	西鉄に0勝4敗1分
1958		1	77	52	1	.596	西鉄に3勝4敗
1959		1	77	48	5	.612	南海に0勝4敗
1960		2	66	61	3	.519	
1961	東映	2	83	52	5	.611	
1962		**1**	**78**	**52**	**3**	**.600**	**阪神に4勝2敗1分**
1963		3	76	71	3	.517	
1964		3	78	68	4	.534	
1965		2	76	61	3	.555	
1966		3	70	60	6	.538	
1967		3	65	65	4	.500	
1969	中日	4	59	65	6	.476	
1970		5	55	70	5	.440	
1971		2	65	60	5	.520	
通算21年	2782試合		1586	1123	73	.585	

※太字は日本一

◆ 竹中半兵衛　年表 ◆

年	出来事
1544	美濃国で斎藤道三の家臣・竹中重元の子として誕生。幼名は重治
1558	父と美濃の岩手氏の居城・岩手山城を攻略。その場所に「菩提山城」を築き新たな居城に
1560	父が亡くなり、家督を継ぐ
1568	豊臣秀吉の軍師として「観音寺城の戦い」「箕作城攻め」に参加。秀吉は昇格
1573	「小谷城の戦い」で織田信長の妹・お市の方とその娘たちの救出方法を秀吉に進言
1575	「長篠の戦い」で武田軍の作戦を見抜き、秀吉を救う
1578	「中国攻め」で備前国の八幡山城主・宇喜多の家臣・明石を説得し、宇喜多をも抱き込み無血開城に成功
1579	三木城攻めの途中で肺炎に倒れ死去

天下目前×武田信玄

大毎、阪急、近鉄の監督20年でリーグ8度制覇

西本幸雄

日本シリーズ8度進出も「悲運の闘将」天下目前で散った武田信玄

将校からプロ野球へ。規律を重んじた西本幸雄監督は球界きっての熱血指導で弱小球団を優勝へ導いた。軍律を重んじ天下を目前とした信玄と相似する

にしもと・ゆきお
1920年4月25日、和歌山県出身。旧制・和歌山中学（現・和歌山県立桐蔭高）ー立教大学。太平洋戦争では学徒出陣で陸軍将校に。復員後は社会人でプレーし、別府・星野組では一塁手兼任監督で都市対抗優勝。50年、創設1年目の毎日へ入団。55年引退。60年に大毎の監督としてリーグ優勝。その後も阪急、近鉄を初優勝させた。2011年他界。

3球団リーグVは史上3人のみ

厳しくも、愛があった。元祖「闘将」と呼ばれた西本幸雄監督は出征を経て、選手としては遅咲き、

Yukio Nishimoto

30歳になる1950年にプロ入り。毎日大映オリオンズでの現役生活は6年で終わったが、3チームをリーグ優勝へ導いた監督はプロ野球史上、西本監督、星野仙一監督、三原脩監督の3人のみ。指揮官として大輪の花を咲かせた。

1960年、毎日大映オリオンズの監督に昇格し、10年ぶり2度目のリーグ優勝。解説者を経て1963年、コーチを務めていた阪急ブレーブスの監督に就任すると、球団創設以来低迷していたチームを徹底的に鍛え上げた。

当時の阪神で名遊撃手として現役選手だった吉田義男氏は、当時の阪急打線に驚いたことがある。オープン戦で阪急と対戦した際は「前の年とまったく違う打球を打っていました」と振り返る。オフの間に西宮球場の室内練習場は、阪急の〝虎の穴〟と化していたのだった。

投手では山田久志、野手では長池徳二、加藤秀司、福本豊らを熱血指導し、1967年の球団初優勝から3連覇。1971年から連覇も飾り、日本シリーズに5度出場した。

「規律をものすごく大切にした人」

陸軍に入隊し、将校にまでのぼった人物だけに、「規律をものすごく大切にした人」（高木氏）、「時代ですから、鉄拳制裁もあったようですね」（本郷教授）。

しかし、「西本チルドレン」が元祖「闘将」を形容する言葉は、親分肌、頑固オヤジ。野球への情熱、選手の成長を喜びとする心を示すものだった。

「プロ野球ニュースで一緒に出演させていただいたことがあって、本当に貴重な体験でした。共演は数回だけでしたが、すごくうれしかったですよ。えらぶったりせず、普通に話してくれました」（高木氏）

「阪急も近鉄も西本さんが一から育て上げた。負けてもいいんだと思っているチームを一から叩き直すなんて、どれだけの年月と労力がかかるのか」（本郷教授）

辞任のきっかけとなった「監督信任投票事件」

スパルタ指導の阪急監督4年目の1966年には、秋季キャンプで「監督信任投票事件」が起こる。シーズンは57勝73敗4分けの5位に終わり、監督自ら選手たちに○×で「監督続投か否か」を問うた。結果は「○」が大勢を占めたが、「×」と白紙があったことで西本監督は球団へ辞任を申し入れた。最終的には続投したが、1974年から近鉄バファローズで指揮を執ることになった。

20年間でリーグ優勝8度それでも届かぬ日本一

近鉄でもスパルタ教育を貫き通し、背の高い選手にはジャンプしながらビンタをしていたという伝説も残る。近鉄でも就任6年目の1979年に球団初のリーグ優勝へ導き、翌1980年には連覇を果たした。

監督通算20年間でリーグ優勝8度。しかし、日本シリーズでは一度も頂点を獲ることができず、「悲運の闘将」とも呼ばれた。とくに、阪急時代は5度の日本シリーズで「ON」こと王貞治、長嶋茂雄が全盛期を迎えていた巨人に敗れるという屈辱を味わっている。

「悲運の闘将」は天下を獲れなかった信玄か

天下を制する器量がありながら届かなかった――そんな武将が歴史上にもいる。戦国時代に当時最

◆ 西本幸雄　監督成績 ◆

年	球団	順位	勝	負	引分	勝率	日本シリーズ
1960	大毎	1位	82	48	3	.631	大洋に0勝4敗
1963	阪急	6位	57	92	1	.383	
1964		2位	79	65	6	.549	
1965		4位	67	71	2	.486	
1966		5位	57	73	4	.438	
1967		1位	75	55	4	.577	巨人に2勝4敗
1968		1位	80	50	4	.615	巨人に2勝4敗
1969		1位	76	50	4	.603	巨人に2勝4敗
1970		4位	64	64	2	.500	
1971		1位	80	39	11	.672	巨人に1勝4敗
1972		1位	80	48	2	.625	巨人に1勝4敗
1973		2位	77	48	5	.616	
1974	近鉄	5位	56	66	8	.459	
1975		2位	71	50	9	.587	
1976		4位	57	66	7	.463	
1977		4位	59	61	10	.492	
1978		2位	71	46	13	.607	
1979		1位	74	45	11	.622	広島に3勝4敗
1980		1位	68	54	8	.557	広島に3勝4敗
1981		6位	54	72	4	.429	
通算20年　2665試合			1384	1163	118	.543	

強とうたわれた「武田騎馬隊」を擁した武田信玄だ。

「西本監督は間違いなく名将。それなのに、日本一がないのは意外ですよね。日本一、つまり天下を獲れなかったところも含めて、武田信玄だと思います。信玄も力量はありながらも天下は獲れなかった。勇猛かつ知略に長け、築城にしても『武田流』という規律がありますから、ぴったりです」（本郷教授）

監督通算1384勝は歴代6位。阪急勢はのちに、右腕エース山田が最多勝3度、最優秀防御率2度、最高勝率4度。3番・長池は本塁打王、打点王ともに3度。福本は13年連続盗塁王で通算1065盗塁は歴代1位、最多安打も4度獲得。近鉄では〝こんにゃく打法〟梨田昌孝を生み、指導者としてはコーチの仰木彬とともに戦った。

日本一の歴史には名を刻めなくとも、「闘将」の功績は燦然と輝く。

◆ 武田信玄　年表 ◆

年	出来事
1521	甲斐国で信虎嫡男・太郎（晴信、のちの信玄）として誕生
1536	三条公頼の娘と結婚
1541	家督を継ぎ、甲斐国主となる
1553	第一次「川中島の戦い」
1554	武田・今川・北条の三国同盟固まる
1555	第二次「川中島の戦い」
1557	第三次「川中島の戦い」
1558	信州・善光寺の本尊を甲府へ移し、甲斐善光寺の伽藍造営に着手
1559	信玄と名乗る
1560	釜無川に「信玄堤」が完成、盆地底部の開発促進
1561	第四次「川中島の戦い」
1568	駿府城を攻略
1573	京都を目指して上洛の軍を起こし、「三方ヶ原の戦い」で徳川勢を撃破
	信州伊那で病没。自身の死を３年秘するよう遺言したといわれる

情報戦
×
真田昌幸

1975年から日本シリーズ3連覇

上田利治

現役わずか3年も西本監督と出会い阪急を常勝軍団に昇華させた

現役時代は故障で短命も指導者として〝西本門下生〟に。20年間でリーグ優勝5度に導いた情報戦を制した。真田昌幸タイプの智将だ

Toshiharu Ueda

現役は3年間で引退 コーチで「西本チルドレン」

阪急を育て上げた西本幸雄監督の後を継いだのは、現役生活はたった3年という上田利治監督だった。

選手としては、ある意味変わり種。徳島・海南高校卒業後は弁護士になるべく関西大学へ進学。関

西六大学リーグでは、のちに阪神で沢村賞を3度受賞する村山実とバッテリーを組み、リーグで4度の優勝を飾った。

1956年の全日本大学選手権で優勝を果たし、1959年に広島へ入団した。しかし、故障もあって1961年限りで引退。25歳にして広島のコーチに就任し、1971年から阪急のコーチとなって、西本監督から薫陶を受けることになった。

「西本さんとの出会いも大きかったと思います。どの親分、どの指導者と出会うかで野球人生が変わってきますから」（高木氏）

就任2年目から 日本シリーズ3連覇

1974年にバトンを受け取った上田監督は黄金時代を築き上げる。1975年から日本シリーズ3連覇。無類の強さを誇った。

「当時はメンバーを見ても『うわあ』と感じるほど、すごくそろっていましたよね。とくに投手、内野陣がしっかりしていたから」（本郷教授）

「投手には通算284勝の山田さんがいましたし、野手では〝世界の盗塁王〟福本さん、本塁打王3度の長池さん、1983年には史上4人目のトリプルスリーを達成した簑田浩二さん、首位打者2度の加藤さんらがいましたから、そりゃあ強いですよ。上田さんの特徴は情報戦とデータ。かなり徹底していました」（高木氏）

本郷教授は、情報戦を得意とする武将に心当たりがあるという。

「真田昌幸です。真田幸村も人気の武将ですが、その父にあたる昌幸は戦国時代に情報を生かして真田家存続を実現したのです」（本郷教授）

情報を利用して立ち回り すべては「真田家存続」のため

信濃に生まれた昌幸は、少年時代に人質として預けられた先の武田信玄から学問や兵法を学び、側近に取り立てられた。つまり、信玄の戦い方を熟知しており、のちに自身が大将となった戦ではその知識を存分に生かしたといわれる。上田監督も西本監督と出会い、指導者としてのあり方を学んでいった歩みと似ている。

昌幸は信玄が1573年に他界したあとも武田家に仕えていたが、1582年に武田勝頼が織田・徳川連合軍に敗れて自害すると、今をときめく織田家への服属を決意。しかし、1582年「本能寺の変」で信長が自害すると、上杉、北条、そして徳川へ主君を次々に替えて生き残りを図った。

1585年に第一次「上田城合戦」で徳川家康と戦うことになると、一度裏切った上杉と再び手を結ぶという荒業に出る。さらに徳川との敵対問題を解決すべく、家康を飛び越えて豊臣秀吉に謁見《えっけん》。かなりの綱渡りだが、秀吉は「徳川の与力大名になること」という意表を突く裁定を下してみせた。

一世一代の大勝負には続きがある。1600年「関ヶ原の戦い」では、自身と次男・幸村は秀吉側の石田三成が率いる西軍、嫡男・信之は家康の東軍へ分かれたのだった。東軍が勝利したことで自身と幸村は蟄居《ちっきょ》となったが、信之が真田家を継いだ。「情報」で戦国の世を生き抜いたのだ。

上田監督は78年、巨人以来の4連覇がかかる1978年日本シリーズ第7戦で、ヤクルト・大杉勝男の本塁打判定について当時シ

うえだ・としはる
1937年1月18日、徳島県出身。海南高校（徳島）ー関西大学。59年広島入団。捕手だった現役通算成績は3年間122試合出場、打率.218、2本塁打、17打点。広島で兼任コーチを経て、26歳でコーチ専任。71年から阪急のコーチ、74年監督昇格。78年に退任も、81 ～ 90年再就任。95 ～ 99年は日本ハム監督。2003年野球殿堂入り。17年他界。

リーズ最長の1時間19分という猛抗議を行った。判定は覆らずに敗れたが、これも勝利への執念。試合中にファインプレーが出ると、ベンチで「ダイナマイト！」と叫んでいたという。阪急を常勝軍団として昇華させた熱い智将だった。

◆ 上田利治　監督成績 ◆

年	球団	順位	勝	負	引分	勝率	日本シリーズ
1974	阪急	2位	69	51	10	.575	
1975		**1位**	**64**	**59**	**7**	**.520**	**広島に4勝2分**
1976		**1位**	**79**	**45**	**6**	**.637**	**巨人に4勝3敗**
1977		**1位**	**69**	**51**	**10**	**.575**	**巨人に4勝1敗**
1978		1位	82	39	9	.678	ヤクルトに3勝4敗
1981		2位	68	58	4	.540	
1982		4位	62	60	8	.508	
1983		2位	67	55	8	.549	
1984		1位	75	45	10	.625	広島に3勝4敗
1985		4位	64	61	5	.512	
1986		3位	63	57	10	.525	
1987		2位	64	56	10	.533	
1988		4位	60	68	2	.469	
1989	オリックス	2位	72	55	3	.567	
1990		2位	69	57	4	.548	
1995	日本ハム	4位	59	68	3	.465	
1996		2位	68	58	4	.540	
1997		4位	63	71	1	.470	
1998		2位	67	65	3	.508	
1999		5位	60	73	2	.451	
通算20年　2574試合			1322	1136	116	.538	

※太字は日本一

◆ 真田昌幸　年表 ◆

年	出来事
1547	信濃にて真田幸隆の三男として誕生。幼名は源五郎 甲斐国・武田氏の人質となり、信玄の奥近習衆に加わる
1561	第四次「川中島の戦い」で近習として信玄を警護 信玄の母方の遠縁・武藤家の養子に入り、武藤喜兵衛と名乗って足軽大将に
1572	「三方ヶ原の戦い」で徳川勢を撃破
1573	信玄が死去し、跡目を継いだ武田勝頼に仕える
1575	「長篠の戦い」で武田軍は大敗も、討ち死には免れる 真田家の当主も討ち死にしたため、昌幸が真田家を継ぐ
1580	沼田城攻略に成功。勝頼から安房守を授けられる
1582	織田・徳川連合軍の武田領侵攻で勝頼が自害。昌幸は織田家従属を決断し、滝川一益のもとで武将に
1585	第一次「上田城合戦」で徳川家康と対立し、上杉と再同盟。籠城戦を仕掛け勝利 徳川との再戦を回避するために豊臣秀吉と謁見。真田家は家康の与力大名に
1600	「関ヶ原の戦い」で真田家存続のため昌幸と息子・幸村は西軍、嫡男の信之は東軍へ分かれる大勝負。東軍勝利により昌幸と幸村は高野山で蟄居
1611	現在の和歌山県にある九度山で病死

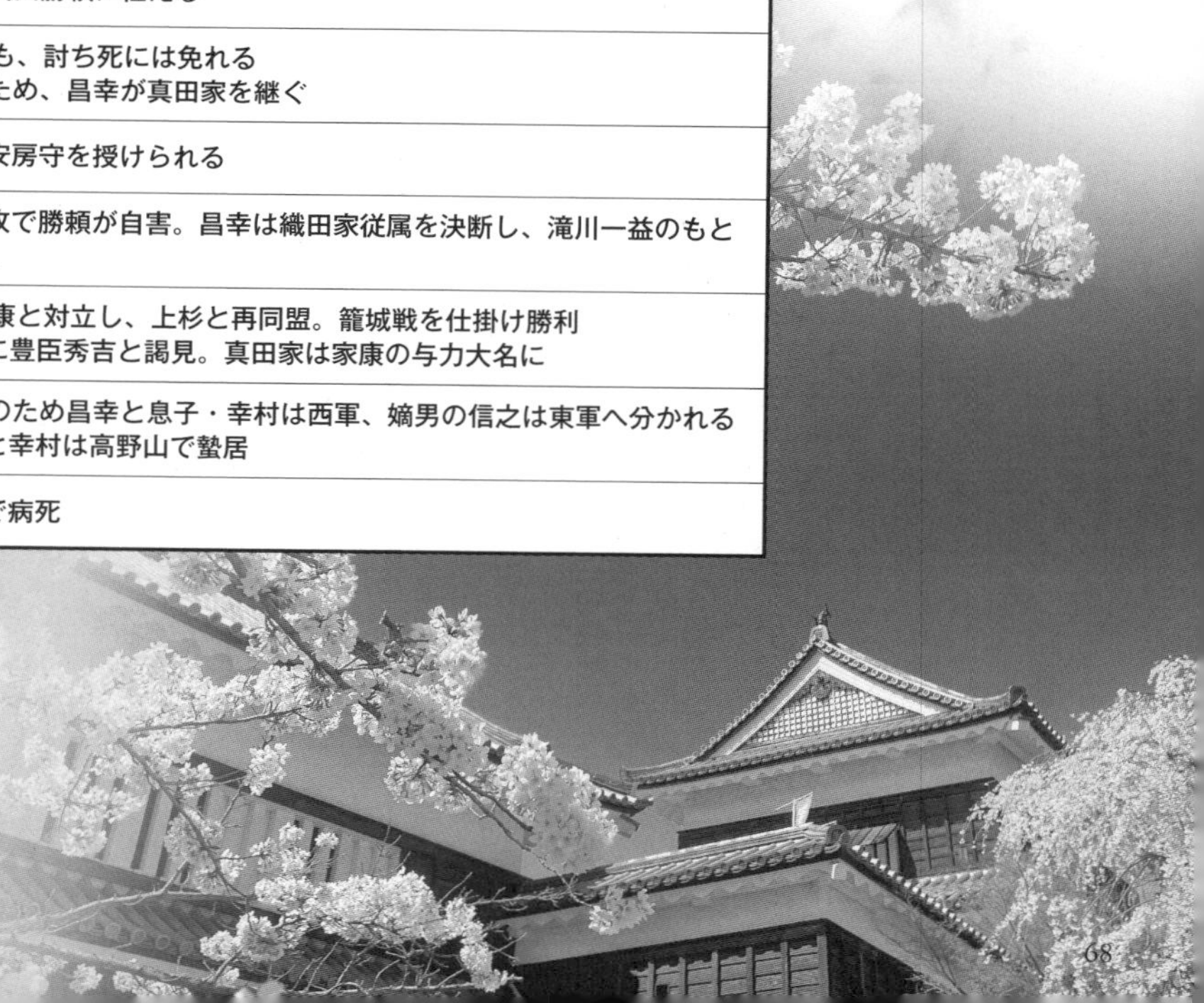

隠れた名君×徳川家宣

毎日、近鉄、大洋、広島で4球団で通算19年間

別当薫

監督勝利数歴代10位も1000勝以上でただ一人のリーグVなし

歴代記録には必ず顔を出す名前「別当薫」。
現役時代は阪神、毎日のスター選手。
監督退任後は球界と距離を置いた。
リーグ優勝はなかったが、球界に人材を残した

べっとう・かおる
1920年8月23日、兵庫県出身。旧制甲陽中学(現・甲陽学院高校)ー慶応大学。高校では「4番・エース」で甲子園春夏3度出場。大学では戦中から4番を打ち、出征後の46年春は主将を務めて東京六大学野球リーグで優勝。47年全大阪で都市対抗3位。48年大阪阪神入団。50年の2リーグ制で新球団の毎日(現・ロッテ)移籍。同年に本塁打、打点二冠、史上初のトリプルスリー達成。52年から監督兼任。引退後も大毎、近鉄、大洋などで監督。88年野球殿堂入り。99年死去。

Kaoru Betto

メガネがトレードマークの「球界の紳士」

スマートなたたずまいの慶応ボーイ。別当薫監督は現役時代、その強打とともに「球界の紳士」と呼ばれ、トレードマークだったメガネのCMにも出演していた。

監督通算19年間で歴代10位となる1237勝を挙げているが、4球団19年間の在任期間でリーグ優勝はなし。最高位2位は監督代行時代を含め3度経験したが、1000勝以上の監督でリーグ優勝ゼロは別当ただ一人という珍しい記録を持っている。

ダイナマイト打線の中心に史上初のトリプルスリー

慶応大学卒業後に一時、家業の材木商を継いでいたが、社会人野球の「全大阪」の一員として、投手も務めて1947年都市対抗で3位に入った。

翌1948年に阪神へプロ入りすると、当時の「ダイナマイト打線」の中核を藤村富美男とともに担った。プロ1年目から13本塁打、プロ2年目には39本塁打を放つなど「アーチスト」と呼ばれ、多くの女性ファンを獲得する先駆けともなった。

1950年には新球団・毎日オリオンズへ移籍。同年にシーズン160安打でリーグ最多（当時は表彰なし）をマークしたほか、43本塁打、105打点でタイトルを獲得した。パンチのある打撃に定評があり、この年のOPSは1・068。しかも34盗塁をマークし、1952年にはリーグ最多タイの三塁打10本を放っている。走攻守の三拍子がそろったプレーヤーは、毎日へ移籍した1950年に日本プロ野球史上初のトリプルスリーを達成したのだった。

人材育成に注力した指揮官 清原も指導

「ザ・監督」とでも呼ぶべき名将たちのなかにあって、別当は一風異なる立ち位置だったという。

「大洋、横浜時代からのDeNAファンとしては、のちに4番となる田代富雄さんを育てた方という印象が強いですね」（本郷教授）

「選手を掌握してマネジメントしていくという監督像とは少し違って、人材育成に注力した方だと思います。イメージとしては、打撃コーチが監督として指揮していると捉えたほうがわかりやすいかもしれません」（高木氏）

監督退任後は、内角攻めの克服に苦しんでいた当時西武の清原和博を1995年秋季キャンプで指導をするなど、打撃指導には定評があった。

さらに、毎日の監督時代には、のちに打撃タイトルを総なめにした山内一弘、榎本喜八らを指導。1962〜1964年に監督を務めた近鉄では土井正博を抜擢した。「18歳の4番打者」として起用し続け、近鉄で監督最終年となった1964年にはリーグ最多安打をマーク、通算2452安打、465本塁打を打つまでに育て上げた。

隠れた名君 第6代将軍家宣タイプか

「監督として歴代トップ10入りの白星を挙げながらも、リーグ優勝がなく、退任後は華やかな活動はされていなかったように思います。江戸幕府の第6代将軍、徳川家宣も〝隠れた名君〟。就任すると、悪名高かった『生類憐みの令』を撤廃したほか、新井白石、間部詮房ら文官を登用して『正徳の治』という善政を敷きました」（本郷教授）

家宣は第3代将軍・家光の孫にあたる。父は家光の3男で甲府藩主。父の家臣の養子となったが、男児に恵まれなかった父から呼び戻されて家督を相続した。次期将軍候補にもなり、第5代将軍・綱吉の他界に伴い、第6代将軍に就任している。

別当は「孤高の人」も打撃理論は教え子が継承

近鉄で別当から打撃指導を受けた土井は、打率・本塁打・打点ともにリーグ上位の成績を挙げていくが、全盛期には当時東映の張本勲、戦後初の三冠王・野村克也もおり、タイトルとは無縁だった。

しかし、のちに西武、中日などでコーチを務め、清原と別当の縁をつないだのも土井。「孤高の人」と呼ばれた別当が指導した打撃は、教え子たちを通してひそかに受け継がれている。

◆ 別当薫　監督成績 ◆

年	球団	順位	勝	負	引分	勝率
※1952	毎日 大毎	2位	75	45	0	.625
1954		3位	79	57	4	.581
1955		3位	85	55	2	.607
1956		4位	84	66	4	.558
1957		3位	75	52	5	.587
1958		4位	62	63	5	.496
1959		2位	82	48	6	.631
1962	近鉄	6位	57	73	1	.438
1963		4位	74	73	3	.503
1964		6位	55	91	4	.377
1968	大洋	4位	59	71	3	.454
1969		3位	61	61	8	.500
1970		3位	69	57	4	.548
1971		3位	61	59	10	.508
1972		5位	57	69	4	.452
1973	広島	6位	60	67	3	.472
1977	大洋	6位	51	68	11	.429
1978		4位	64	57	9	.529
1979		2位	59	54	17	.522
通算19年間　2377試合			1237	1156	104	.517

※1952年はシーズン途中から監督代行

◆ 徳川家宣　年表 ◆

年	出来事
1662	江戸幕府第３代将軍・徳川家光の三男である甲府藩の藩主・徳川綱重の子として誕生。父の家臣・新見正信の養子となり、新見左近と名乗る
1670	綱重がほかの男児に恵まれずに後継者として呼び戻される。松平虎松に改名
1676	元服し、徳川綱豊に改名
1678	綱重が死去し、甲府藩第２代藩主となる。近衛熙子と結婚
1704	水戸藩の藩主・徳川光圀による推薦もあり、次期将軍候補に。江戸城に入り、名を徳川家宣に改める
1709	江戸幕府第５代将軍・徳川綱吉の病死に伴い、第６代将軍に就任。生類憐みの令を廃止
1710	武家諸法度を改訂した宝永令を発布。儒教の思想を盛り込み、法をもって統治する文治政治の理念を明瞭にした条文に改める。新井白石を登用するなど儒教をもとにした善政「正徳の治」を行う
1712	病により死去

V9×徳川家康

1965～1973年の9連覇を含む日本一11度

川上哲治

"打撃の神様"が築いた巨人第三次黄金期 球界の「天下泰平」V9へ導いた

監督史上最多の日本一11度。現在も不滅の日本シリーズ9連覇を果たした名監督。泰平の世を築いた徳川家康を思わせる——

両者一致で 川上監督＝徳川家康

史上初の2000安打を達成した打撃の神様・川上哲治監督。巨人のV9時代を率いた監督となれば、高木氏も本郷教授も連想する武将は一択だった。

「川上さんは徳川家康しかないでしょう」（本郷教授）

「家康ですね」（高木氏）

家康が1603年に征夷大将軍となって江戸幕府を開いて以来将軍は第15代にわたり、1867年に大政奉還が行われるまで260年あまり。日本は世界でも異例の

Tetsuharu Kawakami

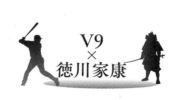

長期政権による太平の世を謳歌《おうか》した。
　プロ野球では日々の試合に戦いはあれど、V9時代は球史における〝天下泰平の世〟ともいえる。

書籍「ドジャースの戦法」監督就任で方針固める

　現役時代は投手から一塁手に転向し、1939年に史上最年少19歳で首位打者を獲得した。打撃の奥義をきわめようと精進する日々。引退した1958年から寺で禅修行を行うなど、まるで修験者のようなストイックな生活に変わりはなかった。

「ボールが止まって見える」

「勝って勝って勝ちまくれ」

「一野球人の前に一人の人間であれ」

「中途半端だと愚痴が出る、いい加減だと言い訳が出る、真剣にやれば知恵が出る」

　数々の名言にも厳しさが垣間見える。しかし、川上監督はメジャーリーグの野球をいち早く日本で取り入れた先駆者でもあった。

　川上はコーチ時代に「The Dodgers' way to play baseball」、日本語版では「ドジャースの戦法」と訳された書籍と出合う。現役時代の1951年の米国遠征でメジャーリーグの試合を初観戦して感銘を受けていた。監督就任にあたって、ドジャースの戦法である機動力を生かしたスモールベースボールを巨人に落とし込もうと考えていた。

　1961年春季キャンプは米フロリダ州のベロビーチで初開催。春季キャンプの海外開催については、巨人はすでに1953年にカリフォルニア州サンタマリアで行っていたが、ベロビーチではドジャースと合同練習、オープン戦でも対戦するなど、新しい手法をふんだんに取り入れた。

　さらに、シーズン中には新聞を読んで衝撃を受ける。明治大から中日入りした遊撃手で1959年に引退していた牧野茂による解説記事を読み、「ドジャースの戦法」の導入には不可欠な人材であることを確信。シーズン途中にもかかわらず、コーチとして招聘したのだった。

「牧野さんは名参謀でしたよね。ドジャースの野球をいち早く取り入れるために尽力されたと話題になりました」（本郷教授）

かわかみ・てつはる
1920年3月23日、熊本県出身。熊本工業高校では投手として1934、37年全国中等学校選手権で準優勝。38年巨人入団。現役時代はMVP3度、首位打者5度、本塁打王2度、打点王3度。「打撃の神様」の異名を取った。通算18年で2351安打、3割1分3厘。61年巨人監督就任。在任14年間でリーグ優勝11度。監督通算1066勝739敗、勝率.591。65年から日本シリーズ9連覇。2013年他界。

家族の誕生日に花 厳しくも細やかな〝神様〟

方針を固めて浸透させ、戦術を身につけて鍛錬する。1965〜1973年にはスーパースターである王、長嶋の「ON」を擁して9連覇。そのV9時代には広岡達朗、柴田勲、黒江透修、土井正三、高田繁、投手陣も金田正一、堀内恒夫、高橋一三、城之内邦雄……と球史に功績を残す選手たちが名を連ねている。

「どんなに強くても9連覇を成し遂げるのは大変なことですよ。川上さんは厳しいけれど、こまやかなところがあった方だそうです。叱るときはスター選手の王貞治さん。長嶋茂雄さんを叱る。スター選手を叱れば、ほかの選手も引き締まりますから。ただし、みんなの前で叱るのは長嶋さん、陰で叱るのは王さん。そこまで使い分けていた。一方で、選手の家族の誕生日には、花を贈っていたそうです」（高木氏）

日本一11度の指揮官は 川上監督が単独トップ

川上監督はV9を含めリーグ優勝11度。これは監督通算勝利数で歴代1位の鶴岡一人監督と並ぶタイ記録。日本一11度は川上監督が単独トップだ。

徳川家康の我慢強い姿勢は「鳴かぬなら鳴くまで待とうホトトギス」とたとえられた。〝打撃の神様〟川上監督は「鳴かぬなら鳴くまで修業ホトトギス」なのかもしれない。

◆ 川上哲治　監督成績 ◆

年	球団	順位	勝	負	引分	勝率	日本シリーズ
1961	巨人	**1位**	**71**	**53**	**6**	**.569**	**南海に4勝2敗**
1962		4位	67	63	4	.515	
1963		**1位**	**83**	**55**	**2**	**.601**	**西鉄に4勝3敗**
1964		3位	71	69	0	.507	
1965		**1位**	**91**	**47**	**2**	**.659**	**南海に4勝1敗**
1966		**1位**	**89**	**41**	**4**	**.685**	**南海に4勝2敗**
1967		**1位**	**84**	**46**	**4**	**.646**	**阪急に4勝2敗**
1968		**1位**	**77**	**53**	**4**	**.592**	**阪急に4勝2敗**
1969		**1位**	**73**	**51**	**6**	**.589**	**阪急に4勝2敗**
1970		**1位**	**79**	**47**	**4**	**.627**	**ロッテに4勝1敗**
1971		**1位**	**70**	**52**	**8**	**.574**	**阪急に4勝1敗**
1972		**1位**	**74**	**52**	**4**	**.587**	**阪急に4勝1敗**
1973		**1位**	**66**	**60**	**4**	**.524**	**南海に4勝1敗**
1974		2位	71	50	9	.587	
通算14年間	1866試合		1066	739	61	.591	

※太字は日本一

◆ 徳川家康　年表 ◆

年	出来事
1542	三河岡崎城主・松平広忠の長男として岡崎に生まれる
1547	今川義元の人質となるはずだったが、身内の裏切りにより織田信秀の人質に
1549	父・広忠が没する。今度は今川義元の人質となり駿府へ移る
1557	今川氏の重臣・関口義広の娘・築山殿と結婚
1563	長男・信康が信長の娘・徳姫と婚約し、名を元康から家康へと改める。三河一向一揆を鎮圧
1565	東三河・奥三河を平定し、三河国を統一
1570	織田信長の援軍として「姉川の戦い」に出陣し、浅井・朝倉軍を破る。岡崎から浜松へ移り、浜松城を築いて本城とする
1575	織田信長と連合し、「長篠の戦い」で武田勝頼を撃破
1584	「小牧・長久手の戦い」で秀吉と講和
1590	小田原攻めで先鋒を務める。江戸城を居城とする
1600	「関ヶ原の戦い」で東軍を率い、西軍の石田三成らを破り天下人となる
1603	征夷大将軍となり江戸幕府を開く
1605	息子・秀忠に将軍職を譲り、自らは大御所となる
1616	朝廷より太政大臣に任じられたが、駿府城で病死。死因は鯛の天ぷらの食あたりといわれる

名君×明智光秀

藤田元司

7年間でリーグ優勝4度、日本一2度

「ON」解任後の巨人のピンチを救った2度の日本一

藤田元司監督は第一次、第二次政権ともに長嶋監督、王監督の前後を担った「つなぎ役」。近年見直されている明智光秀のような〝隠れた名君〟だった！

ふじた・もとし
1931年8月7日、愛媛県新居浜市出身。西条北（現・西条）高校ー慶応大学ー日本石油。東京六大学リーグで通算31勝。巨人入りした57年に17勝で新人王。58年29勝、59年27勝で2年連続MVP、最高勝率。59年最多勝。コーチ、スカウトを経て81 ～ 83年、89 ～ 92年巨人監督就任。81年、89年日本一。96年殿堂入り。2006年他界。

Motoshi Fujita

「ONのつなぎ役」はチーム改革の名手だった

隠れた名将がいる。藤田元司監督は2度の政権で巨人のピンチを救い、チーム内では褒めることで選手の力を伸ばした。当時の選手は「藤田さんは特別です」と口をそろえる。

「選手たちに優しかったそうです。試合でやらかした相手チームの捕手にすら『腐るなよ』とそっと声を掛けたこともあったそうですね」（本郷教授）

「1975、1976年には大洋でもコーチをされていて、目配りのある方だったのでしょう。選手の心を傷つけることは絶対に言わなかったそうです」（高木氏）

1981〜1983年の第一次政権は長嶋監督の後任を務めたもので、王貞治監督に引き継いだ。その王監督の後任となった1989〜1992年の第二次政権後には、1993年から長嶋監督が復帰している。

「ON」へバトンを受け渡す〝つなぎ役〟というイメージが先行したが、在任期間はチームの再建に着手していた。

第一次政権は、長嶋監督の解任騒動直後に就任。巨人に逆風が吹くなか、そのオフのドラフト会議で原辰徳（当時・東海大）を引き当て、巨人ファンに明るいニュースをもたらした。助監督となった王が抜けた打線を再編し、中畑清、原、篠塚和典を中心に世代交代を促進。チームを1977年以来4年ぶりとなる日本一へ導いた。

第二次政権でもチームを改革した。不振に陥っていた右腕・斎藤雅樹にスリークオーターへの変更を勧めると、この1989年に斎藤はなんと21完投、7完封を含む20勝、防御率1・62で投手二冠を獲得。槙原寛己、桑田真澄とともに先発三本柱としたほか、アキレス腱痛を抱える原を三塁から左翼へコンバート。近鉄との日本シリーズでは、3連敗後に4連勝という劇的な逆転劇で8年ぶりの日本一に輝いた。

◆ 藤田元司　監督成績 ◆

年	球団	順位	勝	負	引分	勝率	日本シリーズ
1981	巨人	**1位**	**73**	**48**	**9**	**.603**	**日本ハムに4勝2敗**
1982		2位	66	50	14	.569	
1983		1位	72	50	8	.590	西武に3勝4敗
1989		**1位**	**84**	**44**	**2**	**.656**	**近鉄に4勝3敗**
1990		1位	88	42	0	.677	西武に0勝4敗
1991		4位	66	64	0	.508	
1992		2位	67	63	0	.515	
通算7年　910試合			516	361	33	.588	

※太字は日本一

昨年阪神「湯浅の1球」に通じる藤田監督の「代打・吉村」

リーグ優勝を争っていた9月、藤田監督はチームに勢いをつけるために一手を打った。同2日のヤクルト戦で1点ビハインドの7回2死三塁の場面で、代打に吉村禎章を送り出した。

吉村は前年の左膝靱帯断裂で選手生命が危ぶまれたが、リハビリを重ねて一軍に合流。代打として423日ぶりの打席に立つ。結果は二ゴロだったものの、巨人ファンもチームも感激し、優勝へまっしぐらとなった。

2023年の日本シリーズを制した阪神・岡田監督も、ピンチの場面で6月以来登板のなかった湯浅京己をマウンドへ送り出している。たった1球で打ち取り、見事ピンチを脱出したその姿に甲子園球場は大盛り上がり。「代打・吉村」

の効果とも似ている。

実は名君の明智光秀タイプ

「藤田さんは短期間だけれども天下人になった。しかも、家臣たちはみんな慕っていたという武将は、明智光秀でしょう。以前は織田信長を『本能寺の変』で討った悪役のイメージが先行していましたが、NHK大河ドラマ『麒麟がくる』で光秀に対する新たな視点を知った方も多いでしょう。実は名君なんです」（本郷教授）

藤田監督の座右の銘は、日本海軍連合艦隊司令長官・山本五十六の「やってみせ、言って聞かせて、させてみて、褒めてやらねば人は動かじ」。現役時代は〝瞬間湯沸かし器〟と呼ばれるほど直情型だったが、監督としては座右の銘を胸に刻んだ。

当時大洋、横浜で活躍し、最後は１９９４年に日本ハムで現役を引退した高木氏も、解説者時代に藤田監督にアドバイスを受けたことがある。

「僕は野手出身ですから、たとえばブルペンではよい投手の見方が深いところではわからない。そこでブルペンでの見方をたずねたら、『投げている姿がきれいだと感じた投手が、そうなのだよ』と。投げているフォームにストレスがまったくないような投手。『見ていたらわかると思うよ』と教えていただきました」（高木氏）

在任期間は７年間。５００勝以上を挙げた巨人監督の歴代勝率では、日本一11度の川上監督に次ぐ2位。隠れた名君は記憶にも、記録にも刻まれている。

◆ 明智光秀　年表 ◆

年	出来事
1528	斎藤道三に仕えていた美濃土岐の明智城主・明智光綱の子として誕生
1556	斎藤道三と息子・義龍の内紛により、おじで明智家の家督を継いでいた明智光安は命を落とし、明智城が陥落。光秀も流浪の身に
1558	越前国の朝倉義景に仕官する
1569	「本圀寺の変」で三好三人衆に襲われた足利義昭の危機を救う
1570	織田信長による越前・朝倉攻めで、同盟を結んでいた浅井長政が謀反。これにより織田軍は撤退し、光秀は「金ヶ崎の退き口」で朝倉軍による追撃を食い止め、織田軍の被害を最少限に抑える
1571	「比叡山焼き討ち」の中心として活躍し、近江国坂本城を築城
1582	「本能寺の変」で信長を討つも、「山崎の合戦」で秀吉に敗れて逃れる際に落ち武者狩りに遭い、農民に殺されたとされる

日本シリーズ歴代優勝チーム・監督

1987－2023

年	優勝チーム	監督	成績	敗者
2023	阪神	岡田彰布	4勝3敗	オリックス
2022	オリックス	中嶋聡	4勝2敗1分	ヤクルト
2021	ヤクルト	高津臣吾	4勝2敗	オリックス
2020	ソフトバンク	工藤公康	4勝0敗	巨人
2019	ソフトバンク	工藤公康	4勝0敗	巨人
2018	ソフトバンク	工藤公康	4勝1敗1分	広島
2017	ソフトバンク	工藤公康	4勝2敗	DeNA
2016	日本ハム	栗山英樹	4勝2敗	広島
2015	ソフトバンク	工藤公康	4勝1敗	ヤクルト
2014	ソフトバンク	秋山幸二	4勝1敗	阪神
2013	楽天	星野仙一	4勝3敗	巨人
2012	巨人	原辰徳	4勝2敗	日本ハム
2011	ソフトバンク	秋山幸二	4勝3敗	中日
2010	ロッテ	西村徳文	4勝2敗1分	中日
2009	巨人	原辰徳	4勝2敗	日本ハム
2008	西武	渡辺久信	4勝3敗	巨人
2007	中日	落合博満	4勝1敗	日本ハム
2006	日本ハム	T・ヒルマン	4勝1敗	中日
2005	ロッテ	B・バレンタイン	4勝0敗	阪神
2004	西武	伊東勤	4勝3敗	中日
2003	ダイエー	王貞治	4勝3敗	阪神
2002	巨人	原辰徳	4勝0敗	西武
2001	ヤクルト	若松勉	4勝1敗	近鉄
2000	巨人	長嶋茂雄	4勝2敗	ダイエー
1999	ダイエー	王貞治	4勝1敗	中日
1998	横浜	権藤博	4勝2敗	西武
1997	ヤクルト	野村克也	4勝1敗	西武
1996	オリックス	仰木彬	4勝1敗	巨人
1995	ヤクルト	野村克也	4勝1敗	オリックス
1994	巨人	長嶋茂雄	4勝2敗	西武
1993	ヤクルト	野村克也	4勝3敗	西武
1992	西武	森祇晶	4勝3敗	ヤクルト
1991	西武	森祇晶	4勝3敗	広島
1990	西武	森祇晶	4勝0敗	巨人
1989	巨人	藤田元司	4勝3敗	近鉄
1988	西武	森祇晶	4勝1敗	中日
1987	西武	森祇晶	4勝2敗	巨人

1950－1986

年	優勝チーム	監督	成績	敗者
1986	西武	森祇晶	４勝３敗１分	広島
1985	阪神	吉田義男	４勝２敗	西武
1984	広島	古葉竹識	４勝３敗	阪急
1983	西武	広岡達朗	４勝３敗	巨人
1982	西武	広岡達朗	４勝２敗	中日
1981	巨人	藤田元司	４勝２敗	日本ハム
1980	広島	古葉竹識	４勝３敗	近鉄
1979	広島	古葉竹識	４勝３敗	近鉄
1978	ヤクルト	広岡達朗	４勝３敗	阪急
1977	阪急	上田利治	４勝１敗	巨人
1976	阪急	上田利治	４勝３敗	巨人
1975	阪急	上田利治	４勝０敗２分	広島
1974	ロッテ	金田正一	４勝２敗	中日
1973	巨人	川上哲治	４勝１敗	南海
1972	巨人	川上哲治	４勝１敗	阪急
1971	巨人	川上哲治	４勝１敗	阪急
1970	巨人	川上哲治	４勝１敗	ロッテ
1969	巨人	川上哲治	４勝２敗	阪急
1968	巨人	川上哲治	４勝２敗	阪急
1967	巨人	川上哲治	４勝２敗	阪急
1966	巨人	川上哲治	４勝２敗	南海
1965	巨人	川上哲治	４勝１敗	南海
1964	南海	鶴岡一人	４勝３敗	阪神
1963	巨人	川上哲治	４勝３敗	西鉄
1962	東映	水原茂	４勝２敗１分	阪神
1961	巨人	川上哲治	４勝２敗	南海
1960	大洋	三原脩	４勝０敗	大毎
1959	南海	鶴岡一人	４勝０敗	巨人
1958	西鉄	三原脩	４勝３敗	巨人
1957	西鉄	三原脩	４勝０敗１分	巨人
1956	西鉄	三原脩	４勝２敗	巨人
1955	巨人	水原円裕	４勝３敗	南海
1954	中日	天知俊一	４勝３敗	西鉄
1953	巨人	水原茂	４勝２敗１分	南海
1952	巨人	水原茂	４勝２敗	南海
1951	巨人	水原茂	４勝１敗	南海
1950	毎日	湯浅禎夫	４勝２敗	松竹

◆ 歴代監督勝利数とその勝率 ◆

順位	監督	勝利数	勝率	監督歴
①	鶴岡一人	1773勝	.609	グレートリング（1946年） 南海（1947～68年）
②	三原脩	1687勝	.537	巨人（1947～49年） 西鉄（1951～59年） 大洋（1960～67年） 近鉄（1968～70年） ヤクルト（1971～73年）
③	藤本定義	1657勝	.533	巨人（1936～42年） パシフィック、太陽（1946～47年） 金星、大映（1948～56年） 阪急（1957～59年） 阪神（1961～68年）
④	水原茂	1586勝	.585	巨人（1950～60年） 東映（1961～67年） 中日（1969～71年）
⑤	野村克也	1565勝	.500	南海（1970～77年） ヤクルト（1990～98年） 阪神（1999～2001年） 楽天（2006～09年）
⑥	西本幸雄	1384勝	.543	大毎（1960年） 阪急（1963～73年） 近鉄（1974～81年）
⑦	上田利治	1322勝	.538	阪急（1974～78、81～88年） オリックス（1989～90年） 日本ハム（1995～99年）
⑧	王貞治	1315勝	.540	巨人（1984～88年） ダイエー（1995～2004年） ソフトバンク（2005～08年）
⑨	原辰徳	1291勝	.557	巨人 （2002～03年、 2006～15年、 2019～23年）
⑩	別当薫	1237勝	.517	毎日（1952、54～57年） 大毎（1958～59年） 近鉄（1962～64年） 大洋（1968～72年） 広島（1973年） 大洋（1977～79年）

第二章

2024年セ・パ 12球団分析

投打ともに「アレンパ」へ死角なし
阪神タイガース

昨季は岡田監督が復帰1年目で2005年以来のリーグ優勝、1985年以来の日本一。猛虎復活で連覇を狙う。

王道のスタメン図

森下翔太
94試合、打率.237、10本塁打、41打点、1盗塁

中野拓夢
143試合、打率.285、2本塁打、40打点、20盗塁

大山悠輔
143試合、打率.288、19本塁打、78打点、3盗塁

（2023年成績）

打順

1	近本
2	中野
3	森下
4	大山
5	佐藤輝
6	前川
7	坂本
8	木浪
9	青柳

日本一メンバーがそっくりそのまま残り、今季は球団史上初のリーグ連覇がかかる。

先発陣は盤石だ。最優秀防御率（1・75）、MVPと新人王を獲得した村上頌樹、移籍1年目でチームトップの12勝を挙げた左腕・大竹耕太郎のニューヒーローコンビが健在。左腕エース伊藤将司、2年連続開幕投手に早々と指名された青柳晃洋、復調が期待されるベテラン西勇輝、さらに昨季日本シリーズ第4戦で先発を経験した才木浩人とくれば、もはや死角はないだろう。高卒2年目の門別啓人は二軍で好成績を挙げており、今季は活躍が期待される。

リリーフ陣は昨季27試合登板で防御率1・79の桐敷拓馬、セーブ王の岩崎優、昨年日本シリーズ第

Tigers

ここに注目!

主な先発ローテ

名前	左右	2023年成績
伊藤将司	左	21登板 10勝5敗 防御率2.39
才木浩人	右	19登板 8勝5敗 防御率1.82
青柳晃洋	右	18登板 8勝6敗 防御率4.57
村上頌樹	右	22登板 10勝6敗 防御率1.75
大竹耕太郎	左	21登板 12勝2敗 防御率2.26
西勇輝	右	18登板 8勝5敗 防御率3.57

さらに注目!

今年達成されそうな記録

名前	内容
西勇輝	通算2000投球回まで残り60.1 通算1500奪三振まで残り89
岩崎優	通算500登板まで残り57 通算100セーブまで残り34
大山悠輔	通算150本塁打まで残り27
佐藤輝明	通算100本塁打まで残り32

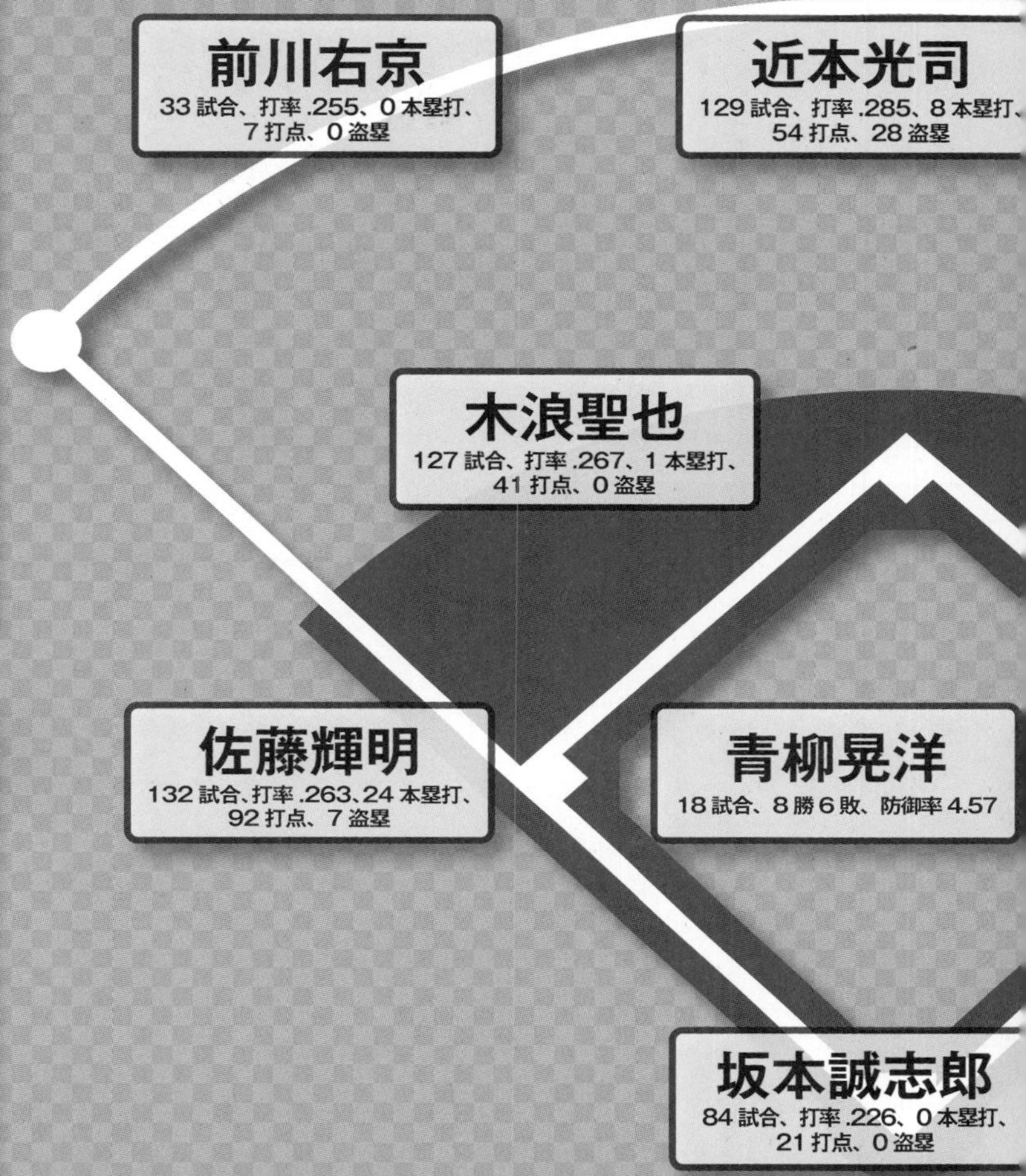

4戦で「湯浅の1球」で甲子園に一体感をもたらした湯浅京己ら。投手陣全体としては昨季、防御率は昨季リーグ唯一の2点台、被本塁打数はリーグで2番目に少なく、与四球はリーグ最少と言うことなしだ。

攻撃陣は昨季、チーム本塁打数と長打率はリーグ5位だが、得点、盗塁、四球がリーグトップ。併殺打はリーグ最少で、チームプレーに徹した効率のいい攻撃を展開した。近本光司が2年連続4度目の盗塁王、4番・大山悠輔が最高出塁率で初タイトルを獲得し、打線にもハクがついた。プロ2年目を迎える森下翔太の成長、そして佐藤輝明の大ブレークを待つばかりとなっている。

課題の守備面は、昨季コンバートされた二塁・中野拓夢、正遊撃手に起用された木浪聖也の二遊間がコンビ2年目で安定するだろう。捕手は梅野隆太郎、坂本誠志郎の2人体制となる。巻頭対談で「武田信玄」タイプとされた岡田彰布監督の采配は今季も光りそうだ。

HANSHIN

4番固定で鬼に金棒、阪神を追走か

広島東洋カープ

2016~2018年のリーグ3連覇よ再び――。新井監督就任2年目を迎える今季はV奪還へ挑む。

王道のスタメン図

（2023年成績）

打順

1	小園
2	菊池
3	秋山
4	シャイナー
5	坂倉
6	レイノルズ
7	野間
8	田村
9	九里

新井監督就任1年目で2位に躍進。しかし、チームは不安要素を抱えている。

打線では、リーグ2位の打率3割5厘をマークした西川龍馬がフリーエージェント（FA）でオリックスへ移籍。昨季はシーズン途中から4番を務め、安打、打点でもチーム最多の成績を残した中心選手の穴を埋められるかがカギ。

新外国人のレイノルズ、シャイナーのいずれかが4番にハマれば解決に近づくだろう。オープン戦で絶好調だった小園海斗は不動のレギュラーを獲得しそうな勢いだ。

昨年10月に右膝外側半月板部分切除の手術を受けた秋山翔吾の回復は順調。いずれにしてもチーム

Toyo Carp

ここに注目！

主な先発ローテ

名前	左右	2023年成績
九里亜蓮	右	26登板　8勝8敗 防御率2.53
床田寛樹	左	24登板　11勝7敗 防御率2.19
大瀬良大地	右	23登板　6勝11敗 防御率3.61
森下暢仁	右	20登板　9勝6敗 防御率3.01
ハッチ	右	18登板　1勝1敗 防御率4.08 ※メジャー

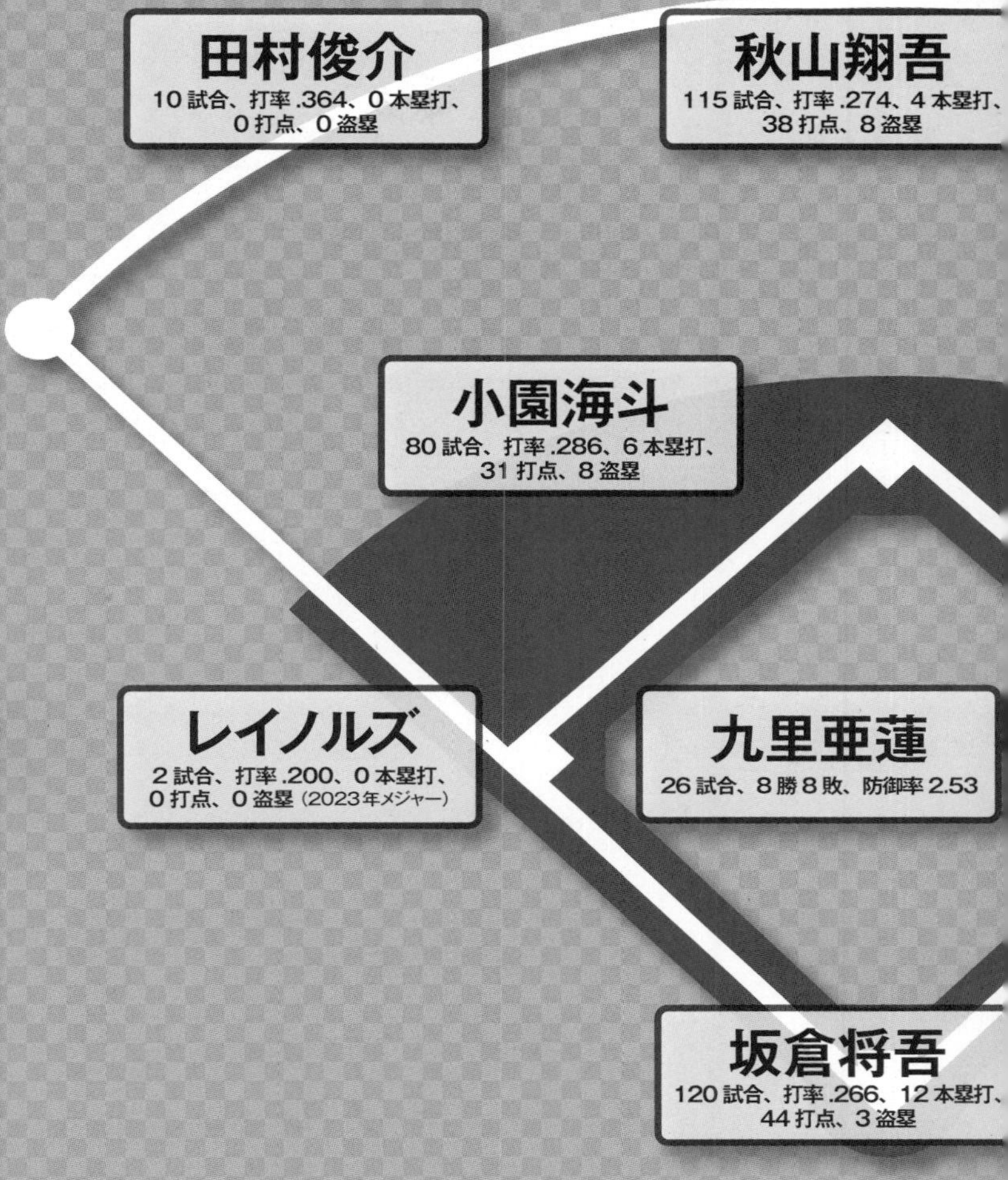

さらに注目！

今年達成されそうな記録

名前	内容
大瀬良大地	通算1000奪三振まで残り19
栗林良吏	通算100セーブまで残り14
菊池涼介	通算350犠打まで残り14
田中広輔	通算1000安打まで残り55

盗塁数は阪神に1差のリーグ2位も、併殺打はリーグワーストだった打線の課題克服が必要になる。

投手陣では、昨季まで5年連続開幕投手を務めた大瀬良大地が右肘手術明け。今年は同期の九里亜蓮が開幕投手に指名され、2021年最多勝右腕が3年ぶりの2桁勝利を目指している。左腕エース床田寛樹は昨季11勝でチームの勝ち頭、防御率はリーグ3位の2・19と頼りになる存在。森下暢仁は手術の影響で昨季出遅れも、チーム2位の9勝。自身3度目の2桁勝利が期待される。

新人ではドラフト1位の常廣羽也斗（青学大）は最速155キロのストレートに、落差のあるフォークを織り交ぜる投球が身上。シーズンは二軍からのスタートだが、即戦力と名高く、シーズン途中での合流が待たれる。

チームスローガンは「勝者」と「がむしゃら」をかけた「しゃ！」。気合一発、戦国時代に数的不利の大ピンチを3度も切り抜けた毛利元就ばりの戦いぶりに注目だ。

Hiroshima

2年連続Aクラス入りから加速狙う
横浜DeNAベイスターズ

王道のスタメン図

度会隆輝
―

牧秀悟
143試合、打率.293、29本塁打、103打点、2盗塁

オースティン
22試合、打率.277、0本塁打、6打点、0盗塁

（2023年成績）

打順

1	度会
2	オースティン
3	佐野
4	牧
5	宮﨑
6	梶原
7	山本
8	林
9	東

タイトルホルダーを複数擁する強力打線も、1998年以来26年ぶりのリーグ優勝は先発陣次第となりそうだ。

昨季チーム打率リーグ2位タイの強力打線に好材料がそろっている。6年ぶりの首位打者を獲得した宮﨑敏郎、打点、安打数で二冠の牧秀悟は盤石。2020年首位打者、2022年最多安打の佐野恵太は昨季、レギュラー定着後初めて打率3割を切ったが、復調気配だ。ドラフト1位・度会隆輝もオープン戦で結果を出しており、レギュラー獲得に一直線。ここ2年は故障の影響で出場機会激減のオースティンが契約最終年を迎えており、爆発が期待される。

　投手陣は昨季、チーム奪三振でリーグ最多。174奪三振をマークしてメジャーリーグへ移籍した今永昇太（カブス）が不在となるが、東克樹が最多勝と最高勝率の

NA BAYSTARS

ここに注目!

主な先発ローテ

名前	左右	2023年成績
東克樹	左	24登板　16勝3敗 防御率1.98
石田健大	左	23登板　4勝9敗 防御率3.97
大貫晋一	右	13登板　5勝4敗 防御率2.95
平良拳太郎	右	11登板　4勝4敗 防御率3.49
濱口遥大	左	14登板　3勝7敗 防御率4.50

さらに注目!

今年達成されそうな記録

名前	内容
山﨑康晃	通算250セーブまで残り23
佐野恵太	通算100本塁打まで残り18
宮﨑敏郎	通算150本塁打まで残り12
大和	通算200犠打まで残り4

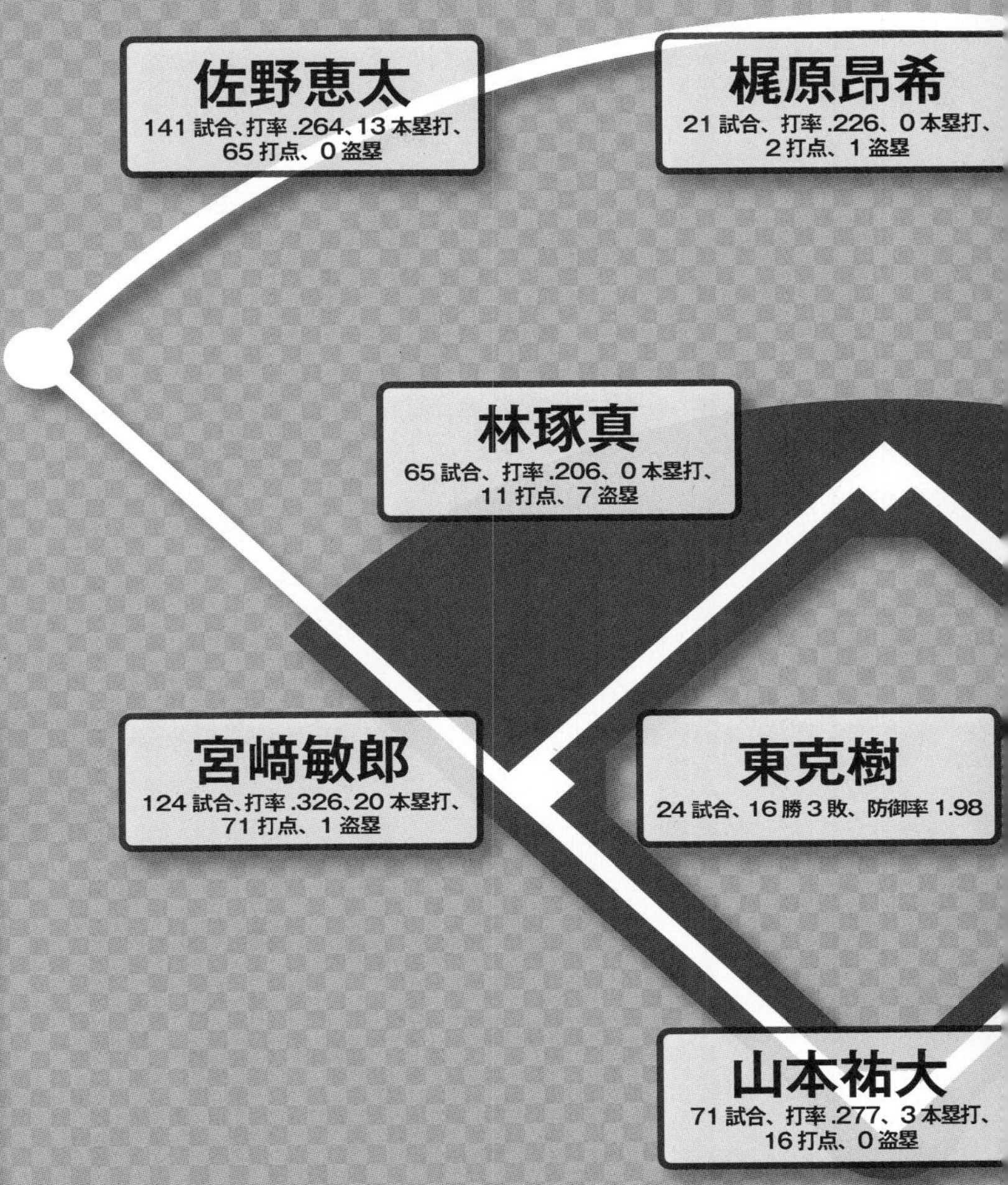

投手二冠で新エースとして台頭している。

サイ・ヤング賞左腕のバウアーは契約更新を保留にしたまま、メジャーリーグ復帰を最優先としてチャレンジ中。昨季10勝を挙げたDeNAとの契約更新は3月18日時点でも保留したままにしている。先発ローテーションは濱口遥大、石田健大、大貫晋一らで組む見通しだが、今永とバウアーで合計17勝が消える勘定となり、やりくりが必要となる。

リリーフ陣では、2018、2019年セーブ王の山﨑康晃が新球チェンジアップを導入。昨季は後半戦で不調に陥ったが、守護神返り咲きを狙っている。その後半戦に活躍した森原康平もおり、2年連続50試合以上登板の伊勢大夢、難病から復帰した三嶋一輝らを含めてトップクラスのリリーフ陣がそろっている。

三浦大輔監督は就任4年目。越前の雄・朝倉義景は足利義昭将軍の上洛の要請に応じず、天下を織田信長にさらわれたが、〝番長〟的な決断で好機をつかみたい。

YOKOHAMA De

阿部新監督就任で常勝軍団復活へ

読売ジャイアンツ

昨季までまさかの2年連続4位。「あと1本」が足りなかった打線は阿部監督の采配にゆだねられている。

阿部新監督の就任1年目。2020年のリーグ優勝以来3位以下に甘んじ、2年連続4位に沈んだ「常勝軍団」を立て直すことが課題となっている。天下泰平の世を築いた徳川幕府の中だるみを再建した〝中興の祖〟、第8代将軍・吉宗のような存在になることを期待したい。

先発陣の柱は開幕投手に指名された戸郷翔征。昨年WBCで世界一を経験し、2年連続2桁勝利を挙げた。自身初の2桁勝利をマークした山崎伊織も続くなか、今季ソフトバンクから加入した下手投げの高橋礼が台頭。グリフィン、メンデスが安定した投球をしてくれれば、あとは今年11月に35歳のベテランとなる右腕・菅野智之の復調次第となる。

王道のスタメン図

オドーア
59試合、打率.203、18打点、4本塁打、2盗塁（2023年メジャー）

吉川尚輝
132試合、打率.256、7本塁打、36打点、4盗塁

岡本和真
140試合、打率.278、41本塁打、93打点、0盗塁

（2023年成績）

打順

1	吉川
2	門脇
3	丸
4	岡本和
5	坂本
6	大城卓
7	オドーア
8	佐々木
9	戸郷

GIANTS

ここに注目！

主な先発ローテ

名前	左右	2023年成績
戸郷翔征	右	24登板　12勝5敗 防御率2.38
菅野智之	右	14登板　4勝8敗 防御率3.36
山﨑伊織	右	23登板　10勝5敗 防御率2.72
高橋礼	右	5登板　0勝2敗 防御率10.80
グリフィン	左	20登板　6勝5敗 防御率2.75

さらに注目！

今年達成されそうな記録

名前	内容
坂本勇人	通算450二塁打まで残り5 通算300本塁打まで残り12
岡本和真	通算1000試合出場まで残り138 通算1000安打まで残り143 通算250本塁打まで残り44
長野久義	通算1500安打まで残り14
菅野智之	通算1500奪三振まで残り26
丸佳浩	通算1000得点まで残り13

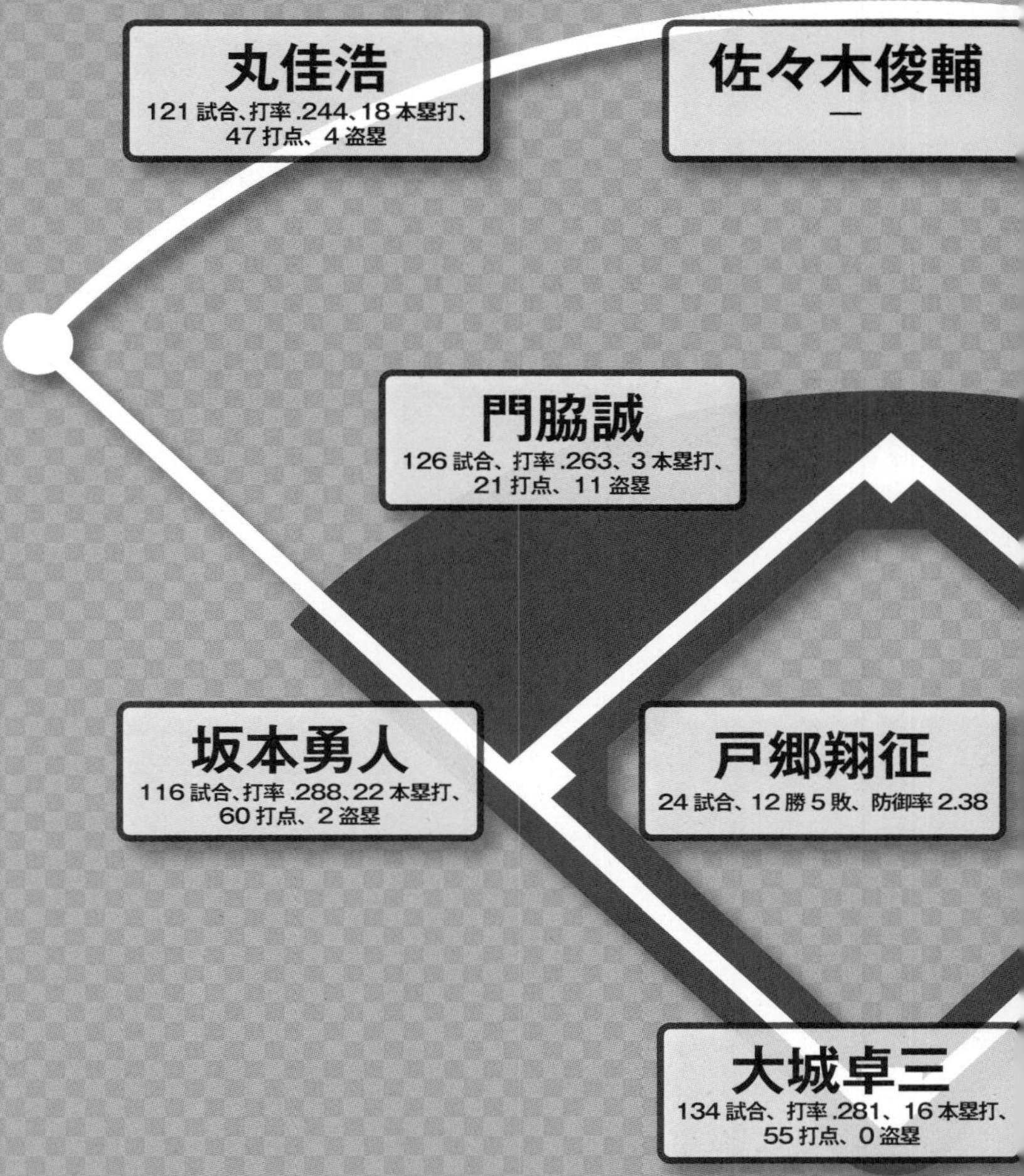

投手陣全体では昨季、チーム防御率が3・39とリーグ5位。被本塁打数もリーグワーストのヤクルトに次いで多く、課題は山積している。

ドラフト1位の西舘勇陽はリリーフとしてスタートする見通し。守護神・大勢は右ふくらはぎ痛で出遅れていたが、順調にいけば7回に西舘、8回に左腕・中川皓太、9回を大勢が締める「新・勝利の方程式」が可能となる。

野手では、昨年5月に史上初となる遊撃での2000試合出場、その数を2046試合まで伸ばした坂本勇人が三塁へコンバート。プロ2年目の門脇誠が正遊撃手となり、昨季3度目の本塁打王を獲得した岡本和真は一塁へ移動した。

打線は昨季、リーグトップのチーム打率、本塁打数をマークしたが、得点はシーズン5位のヤクルトを下回った。強みは阿部監督が生え抜きであり、かつ2019年引退後もコーチとして選手たちを熟知していること。常勝軍団の巻き返しのシーズンとなる。

YOMIURI

東京ヤクルトスワローズ

先発陣に不安も補強のバランスは◎

王道のスタメン図

サンタナ
136試合、打率.300、18本塁打、66打点、2盗塁

山田哲人
105試合、打率.231、14本塁打、40打点、4盗塁

オスナ
134試合、打率.253、23本塁打、71打点、2盗塁

（2023年成績）

打順

1	塩見
2	西川
3	山田
4	村上
5	サンタナ
6	中村
7	オスナ
8	長岡
9	小川

昨季はチーム防御率が12球団ワーストの3.66と苦戦した。2年ぶりの優勝には先発陣がカギを握る。

ジェットコースターのような順位に終止符を打てるか。ヤクルトは２０１５年に真中満監督で２００１年以来のリーグ優勝、しかしその後は5位、6位。小川淳司監督が再登板するも2位、6位で退任した。高津監督は初年最下位も、２０２１年からリーグ連覇を飾ったが、昨季は5位に急降下した。

再浮上を期した戦力補強には成功した格好だ。ヤクルトではおなじみ、他球団から戦力外となった選手では楽天から西川遥輝、ソフトバンクから嘉弥真新也、増田珠を獲得。西川は「2番・左翼」のレギュラーとして期待されている。日本ハム時代は２０２１年までに盗塁王、ゴールデングラブ賞をともに4度獲得しており、ここ

Swallows

ここに注目！

主な先発ローテ

名前	左右	2023年成績
小川泰弘	右	23登板　10勝8敗 防御率3.38
石川雅規	左	13登板　2勝5敗 防御率3.98
サイスニード	右	23登板　7勝8敗 防御率3.67
高橋奎二	左	20登板　4勝9敗 防御率4.60
吉村貢司郎	右	12登板　4勝2敗 防御率4.33

さらに注目！

今年達成されそうな記録

名前	内容
山田哲人	通算1500安打まで残り12
青木宣親	通算150本塁打まで残り5
石川雅規	通算150犠打まで残り3
中村悠平	通算150犠打まで残り4

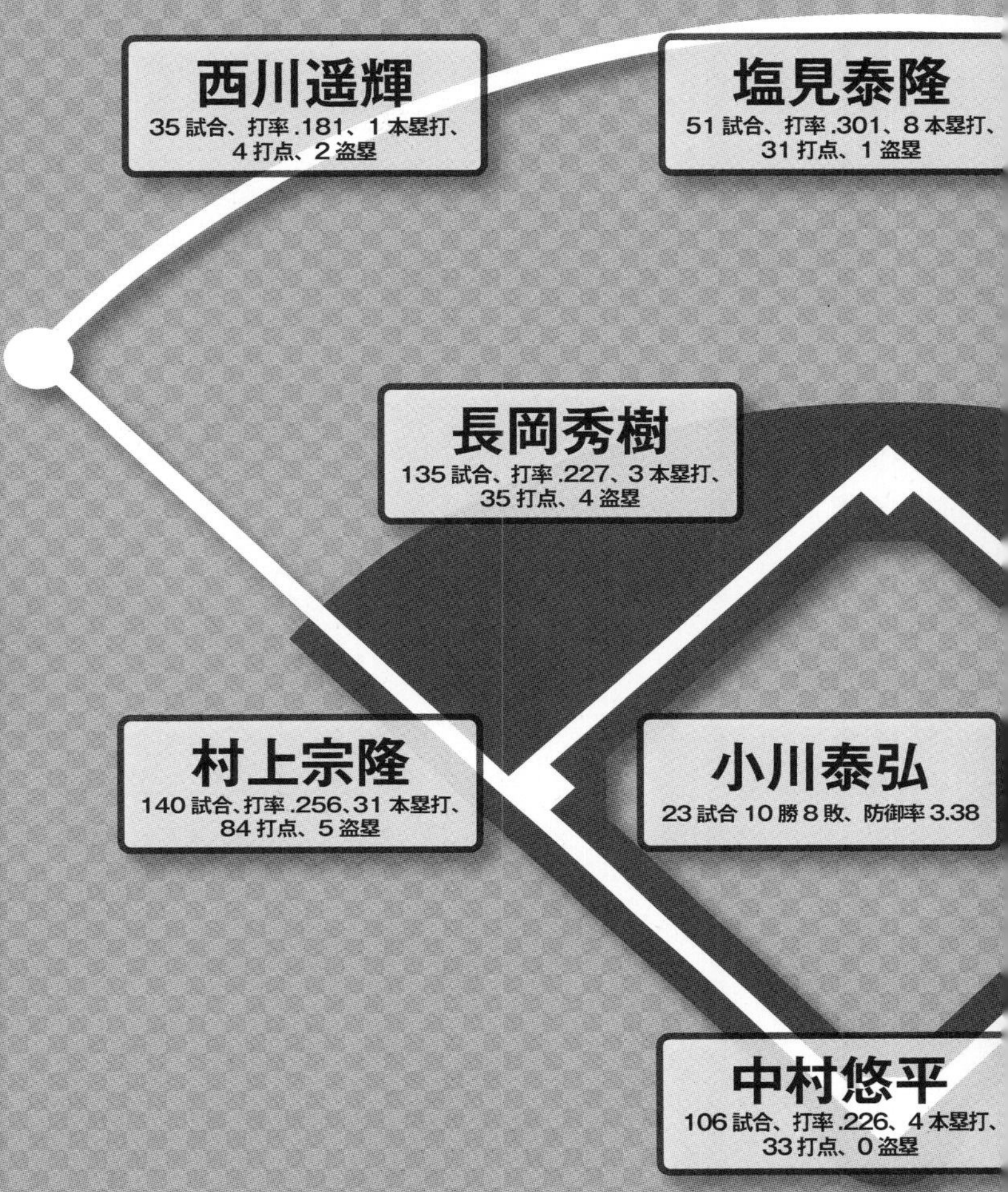

2年は楽天で成績を残せなかったが、空いていた左翼にはまった。

嘉弥真は手薄だった左のリリーフ。2022年に56試合の登板で防御率0・99をマークした〝左キラー〟だった。

リリーフ陣にはFA権を行使せずに残留した田口麗斗もいるが、課題は先発陣だ。右のエース小川泰弘、左の高橋奎二、そしてサイスニードに2桁勝利を託し、2022年ドラフト1位・吉村貢司郎が先発ローテーション定着。コンディション不良の奥川恭伸が気がかりだが、通算200勝まであと15勝の石川雅規のほか、ドラフト1位・西舘昂汰も期待される。

そして2022年三冠王・村上宗隆はWBC後に一時不調に陥ったが、オープン戦では特大アーチを連発しており、2度目の三冠王へ視界良好だ。

本書ではファミリー球団を束ねる高津監督を、優れた家臣団と海外貿易で富をなした大友宗麟になぞらえた。貿易＝戦力補強で得た力で現状打破を図る。

Tokyo Yakult

中日ドラゴンズ

中田翔らの加入で課題の打線強化

2年連続最下位の泥沼脱出を目指すなか、リーグ屈指の投手陣は健在。課題の打線強化は戦力補強で浮上を目指している。

2年連続最下位に甘んじ、リーグ優勝は落合監督最終年の2011年が最後。リーグ優勝となれば13年ぶりとなるが、Aクラス入りなら2020年以来4年ぶりだ。

投手力は折り紙付きだ。チーム被本塁打数でリーグ最少、チーム防御率はリーグ2位。先発陣には右の柳裕也、左の小笠原慎之介を中心に、メヒア、ベテランの涌井秀章、大野雄大もおり、さらには梅津晃大、根尾昂も控えているから圧倒的だ。期待の髙橋宏斗がやや出遅れたが、シーズンを通して結果を出してくれるだろう。リリーフ陣も守護神マルティネス、清水達也、藤嶋健人、勝野昌慶と人材が豊富だ。

課題は何と言っても攻撃面。

王道のスタメン図

（2023年成績）

打順

1	三好
2	大島
3	細川
4	中田
5	石川昂
6	木下
7	村松
8	カリステ
9	柳

Dragons

ここに注目!

主な先発ローテ

名前	左右	2023年成績
柳裕也	右	24登板　4勝11敗 防御率2.44
小笠原慎之介	左	25登板　7勝12敗 防御率3.59
髙橋宏斗	右	25登板　7勝11敗 防御率2.53
大野雄大	左	1登板　0勝1敗 防御率0.00
梅津晃大	右	3登板　1勝1敗 防御率0.95

さらに注目!

今年達成されそうな記録

名前	内容
涌井秀章	通算500試合登板まで残り11 通算2000奪三振まで残り2
中島宏之	通算1000打点まで残り6

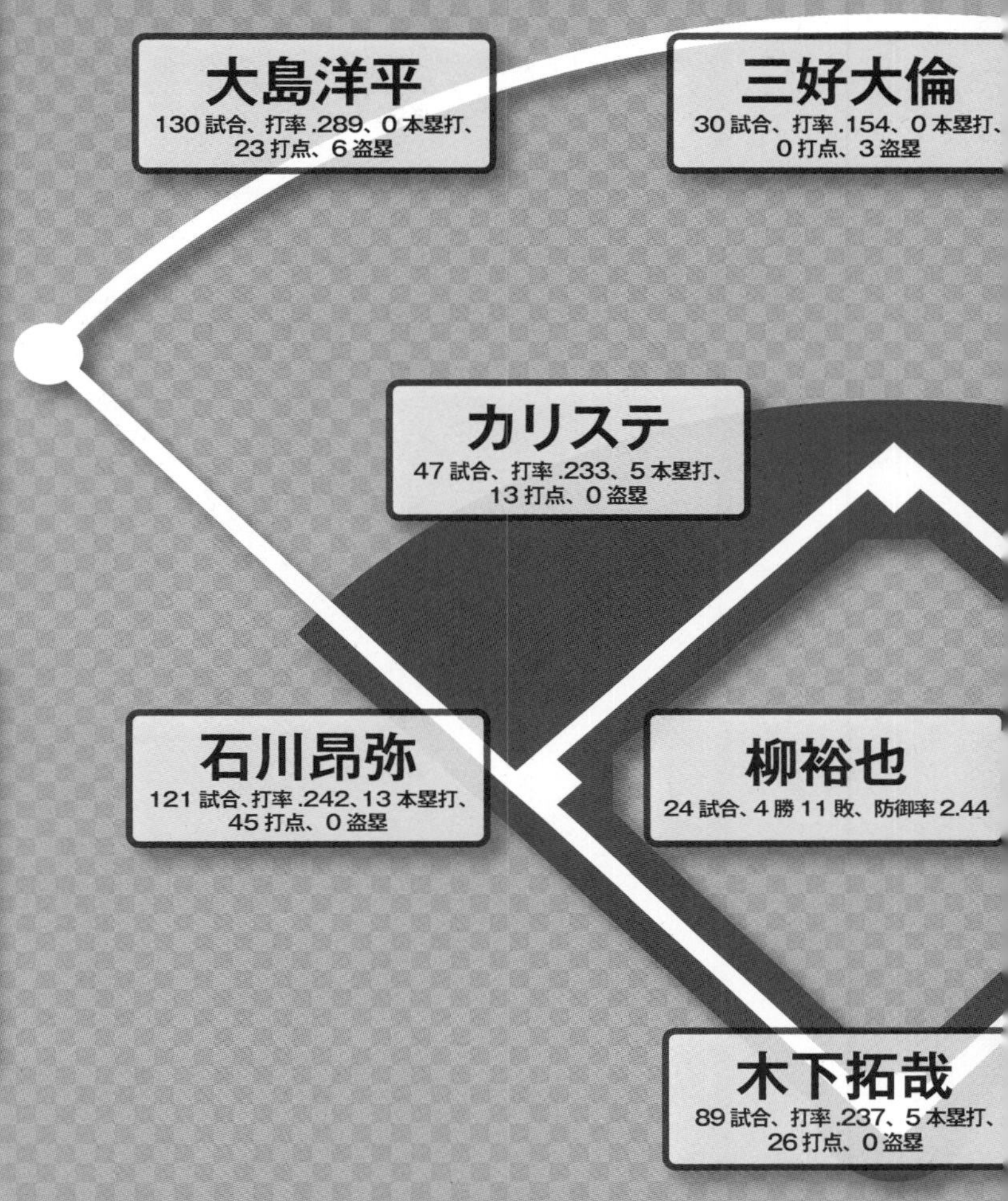

チーム全体としても、昨季のチーム打率、本塁打数、四球、出塁率などがリーグワースト。なかでも得点は4年連続で両リーグ最少となった。テコ入れとして日本ハム時代に打点王3度の中田翔、通算1928安打の中島宏之を巨人から獲得し、走攻守に優れ、2022年の右アキレス腱断裂から復活を期す上林誠知をソフトバンクから獲得した。新外国人としてメジャー通算40本塁打のディカーソンも獲得し、2019年ドラフト1位の石川昂弥、昨季いきなり131安打と躍進した細川成也も含め、強化が図られている。

二遊間は、スタメン争い激化で戦力アップも期待される。外野でも、オープン戦では安打数で12球団の先頭を走り続けた三好大倫が新戦力に名乗りを挙げた。昨季までの安打数は14。今季のブレーク候補筆頭になりそうだ。

PL学園の同期・片岡ヘッドコーチという右腕を得た立浪監督は、奥羽の雄・伊達政宗に忠義を尽くした片倉小十郎ばりの鉄板の仲。下剋上を狙う布陣は整った。

Chunichi

リーグ4連覇&日本一奪還へ盤石

オリックス・バファローズ

王道のスタメン図

杉本裕太郎
96試合、打率.242、16本塁打、41打点、0盗塁

ゴンザレス
84試合、打率.217、12本塁打、38打点、2盗塁

太田椋
18試合、打率.250、2本塁打、7打点、0盗塁

頓宮裕真
113試合、打率.307、16本塁打、49打点、0盗塁

（2023年成績）

打順

1	西川
2	宗
3	中川
4	頓宮
5	森
6	杉本
7	紅林
8	太田
9	若月

昨季は2位に15・5ゲーム差をつける圧勝で3連覇。大エース・山本由伸がドジャースへ移籍したが、その強さに陰りは見えない。

2021年からリーグ3連覇も、戦力は様変わりした。史上初の3年連続投手四冠を獲得した大エース山本由伸がロサンゼルス・ドジャースへ、先発・山﨑福也が日本ハムへ移籍。先発ローテーションの再編に迫られた。

とはいえ、中嶋監督は〝内政〟に優れている。豊臣秀吉に絶賛された蒲生氏郷のような手腕で、手を打ってくるはずだ。

投手陣は3年連続2桁勝利の宮城大弥がエースを引き継ぐ。勝率7割1分4厘、被打率2割3厘、1以下の数値はトップクラスを示す数値「WHIP」0・94は、いずれもリーグではトップだった山本に次ぐ成績を叩き出している。

昨季は一軍初登板が開幕投手という山下舜平大は自己最速160

ffaloes

ここに注目!

主な先発ローテ

名前	左右	2023年成績
宮城大弥	左	22登板　10勝4敗 防御率2.27
山下舜平大	右	16登板　9勝3敗 防御率1.61
東晃平	右	10登板　6勝0敗 防御率2.06
山岡泰輔	右	31登板　2勝1敗 防御率2.30
カスティーヨ	右	12登板　3勝3敗 防御率3.12
エスピノーザ	右	7登板　0勝2敗 防御率5.40（2023年メジャー）

さらに注目!

今年達成されそうな記録

名前	内容
平野佳寿	最年長250セーブまで残り8 通算700試合登板まで残り15

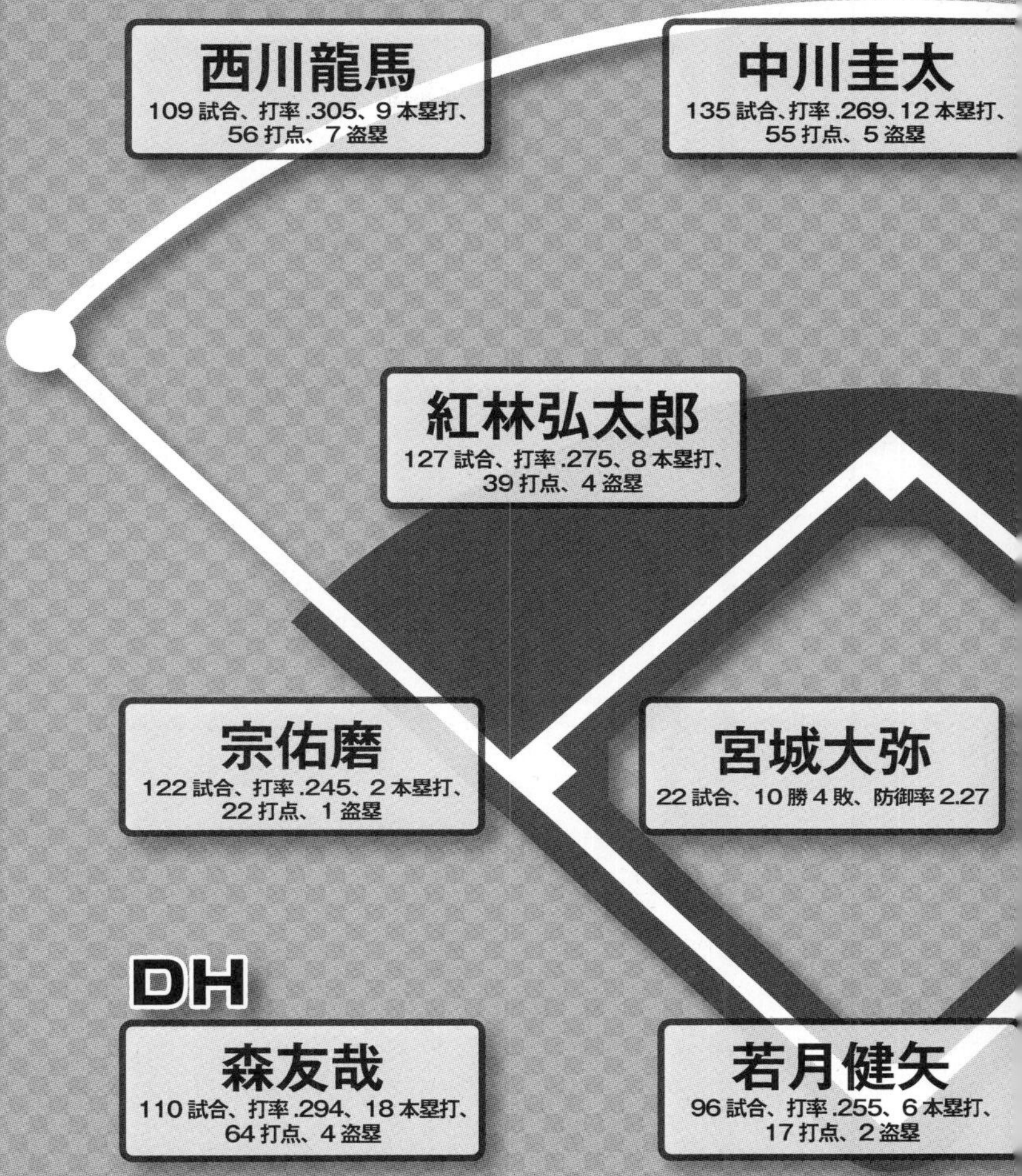

キロをマークし、16試合登板で9勝3敗、防御率1・61。新人王を獲得したが、今季は桁外れの活躍が見られそうだ。育成出身の〝無敗男〟東晃平にも期待。日本シリーズ第3戦では5回1失点で勝利投手になった。経験豊富な田嶋大樹の安定感、プロ2年目の曽谷龍平の台頭も楽しみだ。

リリーフ陣では、チーム最多53試合登板で27ホールドの山崎颯一郎や、最年長250セーブまであと8と迫る平野佳寿が健在。昨年WBC日本代表でシーズンでは46試合登板で防御率1・77の宇田川優希が右肩痛で出遅れていることが気がかり。

昨季は日本シリーズまでの154試合で146通りの打順を組むという究極の日替わり打線。マイナー通算123発の新外国人トーマス、FAで広島から加入の西川龍馬が加わり、首位打者に輝いた主砲・頓宮裕真を中心に、今季は果たして何通りの組み合わせが誕生するかにも注目したい。

ORIX Bu

今季はシーズンでも〝幕張の奇跡〟を

千葉ロッテマリーンズ

王道のスタメン図

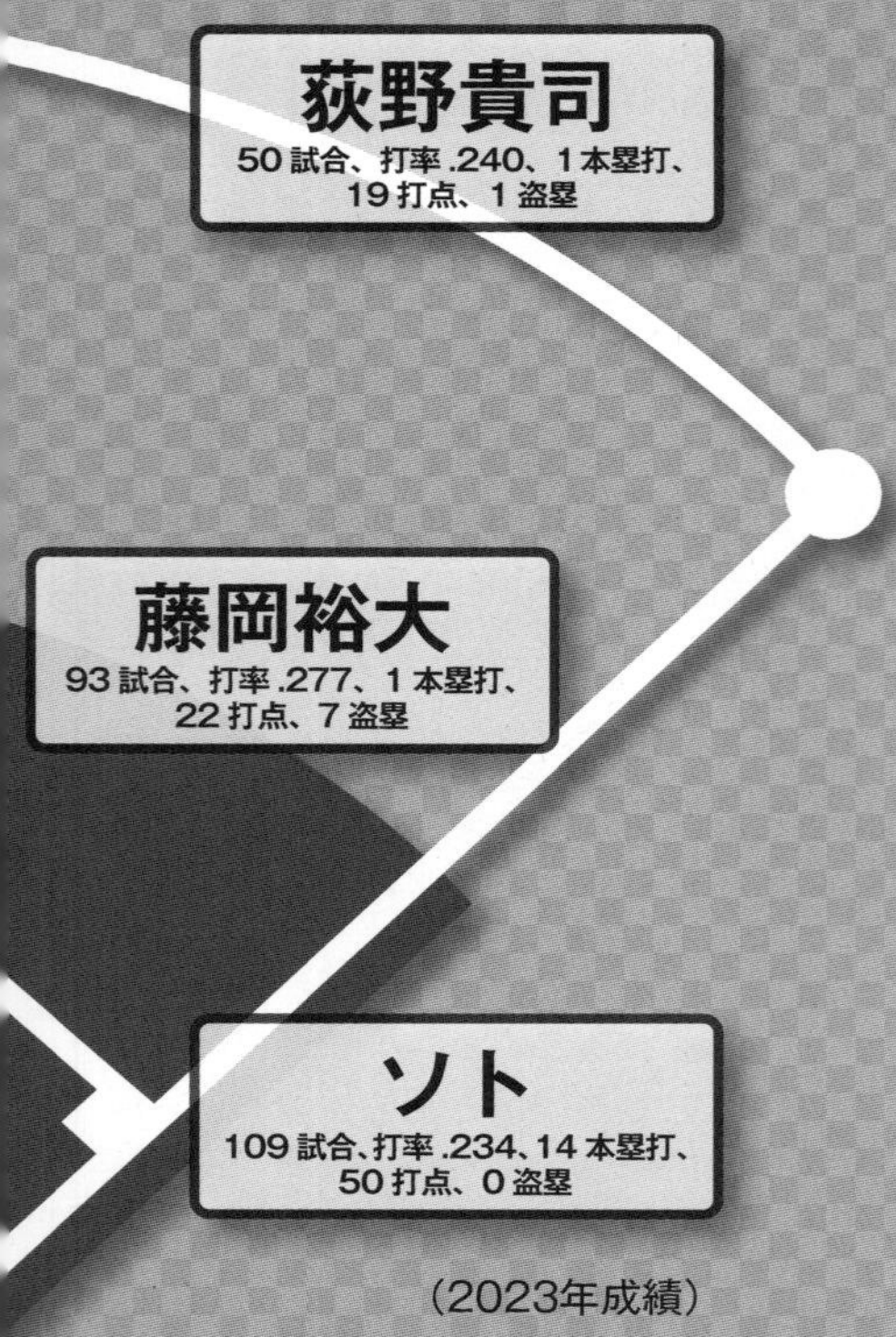

（2023年成績）

打順

1	岡
2	ソト
3	山口
4	ポランコ
5	安田
6	藤岡
7	荻野
8	田村
9	友杉

佐々木朗希が本格的に年間を通して先発ローテーション入りする今季は、打倒・オリックスの最右翼となりそう。

終盤苦戦しながらも、3位ソフトバンクに1毛差で2位に滑り込んだ。今季は山本由伸を欠くオリックスを追走するチャンスでもある。

チーム防御率は昨季リーグ5位の3・40。ホールド数がリーグ最多で、オープナーを行うなど継投策でやりくりしていた。先発・佐々木は今季、育成計画5カ年の最終年。昨季は登板間隔を空けながら15試合登板で91回、7勝4敗、防御率1・78、135奪三振だった。今季はいよいよ中6日で年間を通してローテを守る。中6日・150イニングが育成計画の〝卒業試験〟だ。

チームとして最たる課題は先発陣で、昨季2度目の2桁勝利を挙げた小島和哉は2年連続2度目の

Marines

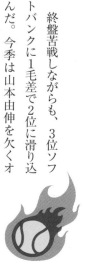

ここに注目！ 主な先発ローテ

名前	左右	2023年成績
メルセデス	左	22登板　4勝8敗 防御率3.33
小島和哉	左	25登板　10勝6敗 防御率3.47
美馬学	右	18登板　3勝9敗 防御率4.76
佐々木朗希	右	15登板　7勝4敗 防御率1.78
西野勇士	右	18登板　8勝5敗 防御率2.69
種市篤暉	右	23登板　10勝7敗 防御率3.42

さらに注目！ 今年達成されそうな記録

名前	内容
美馬学	通算1500投球回まで残り58.1
佐々木朗希	通算500奪三振まで残り124
中村奨吾	通算1000安打まで残り41

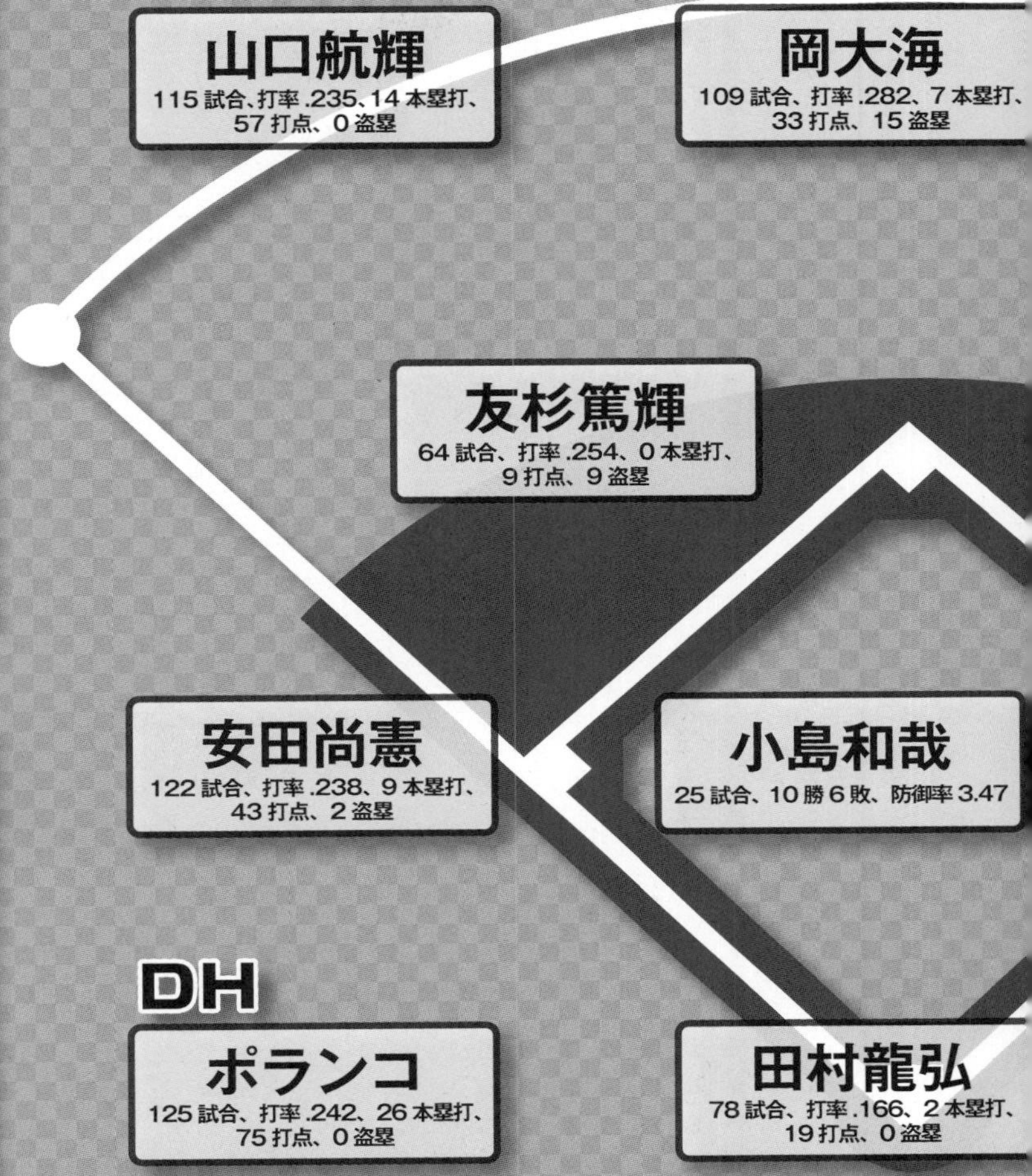

開幕投手に指名され、同じく2桁勝利の種市篤暉、そして佐々木の若手3人が先発陣の柱となる。

残り3枠を時期によって振り分ける方針で、メルセデス、ダイクストラ、フェルナンデスの外国人選手、オフ中には唐川侑己、東條大樹にも先発転向を指令。高卒4年目右腕・中森俊介、投手陣最年長の美馬学らで争う。

打線は昨季本塁打王のポランコが残留し、2018年から2年連続本塁打王のソトがDeNAから加入した。両外人が並ぶの打線は力強い。昨季のチーム本塁打数は100~109本のなかに5球団がいるダンゴ状態だったが、これで頭一つ抜け、得点力の向上が見込まれる。

吉井監督を剣豪で明治時代をつくった一人である桂小五郎（木戸孝允）に本書はたとえたが、昨季クライマックスシリーズファーストステージでソフトバンクに逆転勝ちしたような〝維新〟を起こすかもしれない。

Chiba Lotte

福岡ソフトバンクホークス

強力打線の破壊力がさらにアップ

王道のスタメン図

（2023年成績）

打順

1	周東
2	今宮
3	柳田
4	山川
5	近藤
6	ウォーカー
7	栗原
8	牧原
9	甲斐

小久保新監督が就任1年目でチームの再建に着手。投打でテコ入れし、常勝軍団の復活が期待されている。

2017〜2020年日本シリーズ4連覇の栄光からやや遠ざかり、3年連続でV逸した。就任1年目の小久保監督はパ・リーグ常勝軍団のチーム再建を預かり、巨人・阿部監督がかつて日本を束ねた徳川幕府の第8代将軍・吉宗にたとえられたように、小久保監督は幕府の体制を強化した第3代将軍・家光のような立ち位置だろう。

看板の打線は近藤健介、柳田悠岐がけん引する。近藤はFA移籍初年の昨季、ロッテのポランコ、楽天・浅村栄斗とともに本塁打王を獲得したほか、打点王、最高出塁率のタイトル三冠に。日本ハム時代にも最高出塁率は2度獲得したが、卓越したバットコントロー

Bank HAWKS

ここに注目!

主な先発ローテ

名前	左右	2023年成績
有原航平	右	17登板　10勝5敗 防御率2.31
東浜巨	右	17登板　6勝7敗 防御率4.52
和田毅	左	21登板　8勝6敗 防御率3.24
石川柊太	右	23登板　4勝8敗 防御率4.15
モイネロ	左	27登板　3勝0敗 防御率0.98

さらに注目!

今年達成されそうな記録

名前	内容
有原航平	通算1000投球回まで残り43.1
東浜巨	通算1000投球回まで残り44.2
柳田悠岐	通算1500試合出場まで残り102
今宮健太	通算1500試合出場まで残り20
山川穂高	通算250本塁打まで残り32
近藤健介	通算100本塁打まで残り22

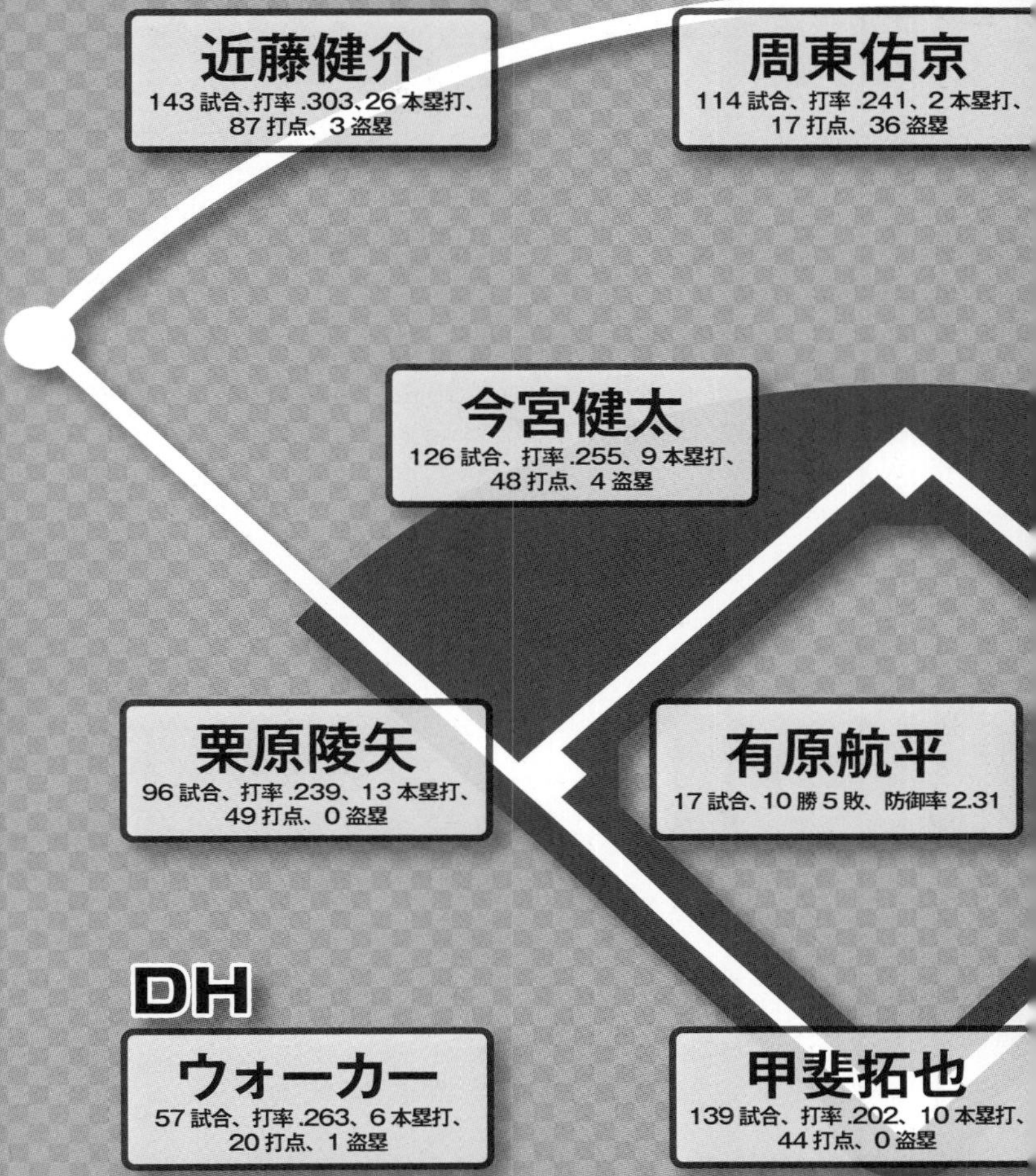

ル技術で大輪の花を咲かせた。

新加入として、西武で本塁打王3度の山川穂高をFAで、ウォーカーを巨人からトレードで獲得。ウォーカーは守備に難があるとされていたが、DHを任せることで打線の破壊力がさらにアップした。

高い育成能力から〝魔改造〟と呼ばれる倉野信次一軍投手コーチ兼ヘッドコーディネーターは先発を8人で回す構想も示唆している。鉄板の5投手は、2022年までテキサス・レンジャーズで2シーズンプレーした有原航平が昨季NPB復帰で2桁勝利。そして42歳の昨季も21試合に登板した和田毅、キューバ出身で先発に転向したモイネロ、経験豊富な東浜巨。残り1枠を板東湧梧と石川柊太、大津亮介、スチュワートで競うが、交流戦などの過密日程も見据えても安心の布陣を整える。リリーフは藤井皓哉、松本裕樹、そして守護神オスナの方程式。

若手野手では高卒4年目の井上朋也らも台頭し、四軍までもある膨大な選手層を生かせばV奪回もできるはずだ。

Fukuoka Sof

東北楽天ゴールデンイーグルス

世代交代の波のなかで新指揮官が船出

王道のスタメン図

岡島豪郎
114試合、打率.266、6本塁打、43打点、3盗塁

茂木栄五郎
8試合、打率.083、0本塁打、1打点、0盗塁

フランコ
95試合、打率.221、12本塁打、32打点、0盗塁

（2023年成績）

打順

1	村林
2	小深田
3	茂木
4	浅村
5	島内
6	フランコ
7	岡島
8	辰己
9	太田

球団創設20周年の節目は今江敏晃新監督が舵を握る。先発陣、そして打線でも若手の台頭が上位進出のカギだ。

楽天は球団創設20周年。1年目の２００５年は38勝97敗1分けで勝率２割８分１厘と苦難の船出、２０１１年には本拠地の宮城県仙台市が東日本大震災に見舞われた。苦難を乗り越えながら２０１３年には感動の日本一。そして20周年となる今季は、40歳の今江敏晃監督がチーム再建の指揮を執る。

WBC後にスター選手が複数メジャーへ移籍して迎える今季。楽天も守護神の左腕・松井裕樹がサンディエゴ・パドレスへ移籍した。その穴を埋めるために、エース則本昂大が抑えに転向した。投手陣は昨季、チーム防御率がリーグワーストの３・52。立て直しは必至の情勢だ。

先発陣は２０２０年ドラフト１

Golden EAGLES

ここに注目！ 主な先発ローテ

名前	左右	2023年成績
田中将大	右	24登板　7勝11敗 防御率4.91
荘司康誠	右	19登板　5勝3敗 防御率3.36
岸孝之	右	20登板　9勝5敗 防御率3.07
早川隆久	左	17登板　6勝7敗 防御率3.44
内星龍	右	53登板　4勝2敗 防御率2.28

さらに注目！ 今年達成されそうな記録

名前	内容
田中将大	日米通算200勝まで残り3
岸孝之	通算2500投球回まで残り72.1
浅村栄斗	通算300本塁打まで残り17 通算1000得点まで残り37
鈴木大地	通算1500安打まで残り41

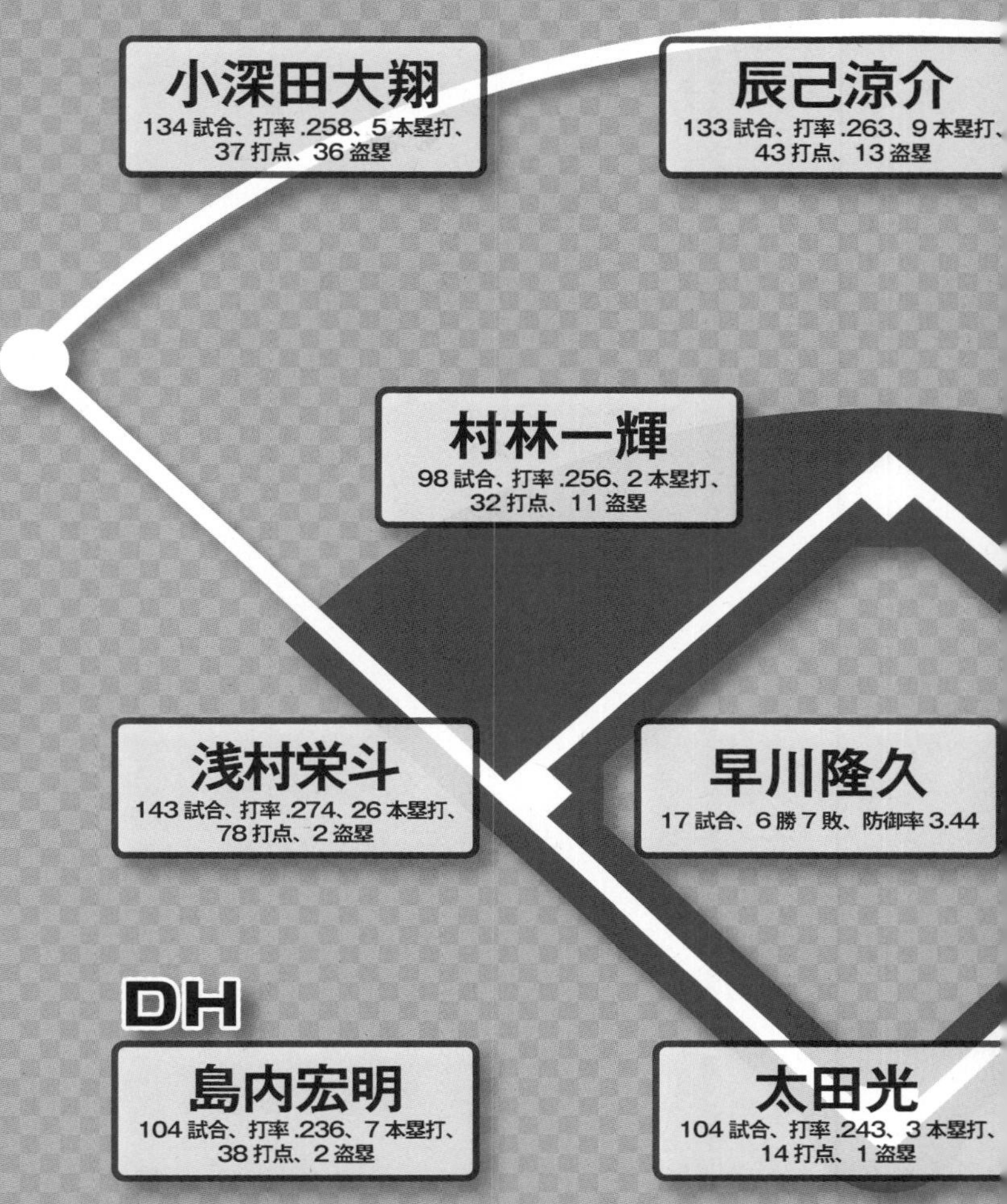

位の早川隆久、２０２２年同１位の２年目・荘司康誠の躍進が期待される。昨季はリリーフを務めた内星龍が先発転向でブレークなるか。日米通算２００勝まであと３に迫る田中将大。ベテランの岸孝之もいるが、若手の台頭なくして上位進出は難しい。

主砲・浅村を中心とする打線は、昨季チーム本塁打数でリーグ２位タイ。四球、出塁率はリーグトップだが、併殺打がリーグワースト。昨季ブレークした小郷裕哉が２月上旬に右足を負傷してヒヤリとしたが、３月中旬には戦線復帰。本来なら３番を任される見通しだったこともあり、復調したいところ。

遊撃手には、村林一輝も定位置奪取が見込まれるなど新戦力が育っているが、台所事情が苦しいことには変わりない。

日本全体が変化を遂げる時代に江戸幕府第14代将軍となった徳川家茂のように、今江監督は苦難を乗り切る必要があるが、「ここ一番」で実力を発揮した現役時代のような本領発揮を期待したい。

Tohoku Rakute

埼玉西武ライオンズ

課題の打線強化は新外国人に期待

王道のスタメン図

金子侑司
47試合、打率.179、0本塁打、2打点、1盗塁

外崎修汰
136試合、打率.260、12本塁打、54打点、26盗塁

アギラー
36試合、打率.221、5本塁打、9打点、0盗塁（2023年メジャー）

（2023年成績）

打順	
1	外崎
2	源田
3	アギラー
4	中村
5	コルデロ
6	元山
7	長谷川
8	古賀
9	金子侑

豊富な人材を誇る先発陣はリーグ屈指。打線は大型補強に成功した。投打がかみ合えば一気に優勝の目が出てくる。

先発陣はリーグ屈指の布陣を誇る。昨季もチーム防御率はオリックスに次いでリーグ2位。被安打数はオリックスよりも少ないリーグトップの成績を残している。

先発右腕三本柱の髙橋光成、今井達也、平良海馬が昨季はそれぞれ2桁勝利。左腕・隅田知一郎、ほかにも松本航、與座海人、渡邉勇太朗、昨年ドラフト1位左腕の武内夏暉と人材は潤沢だ。

さらに、先発に転向した日系ブラジル人3世のボーが好投してローテーション入りに名乗りを上げた。登録名は「ボー・タカハシ」で、本名はロドリゴ・ヒトシ・カイモチ・タカハシ。チームでは「ヒトシ」と呼ばれており、人気が出そうな予感を漂わせる。抑えは昨季ヤン

bu Lions

ここに注目!

主な先発ローテ

名前	左右	2023年成績
髙橋光成	右	23登板　10勝8敗 防御率2.21
平良海馬	右	23登板　11勝7敗 防御率2.40
今井達也	右	19登板　10勝5敗 防御率2.30
隅田知一郎	左	22登板　9勝10敗 防御率3.44
與座海人	右	15登板　2勝6敗 防御率3.69
松本航	右	20登板　6勝8敗 防御率3.47
武内夏暉	左	※ルーキー

さらに注目!

今年達成されそうな記録

名前	内容
髙橋光成	通算1000投球回まで残り30.1
増田達至	通算200セーブまで残り6
源田壮亮	通算1000安打まで残り71

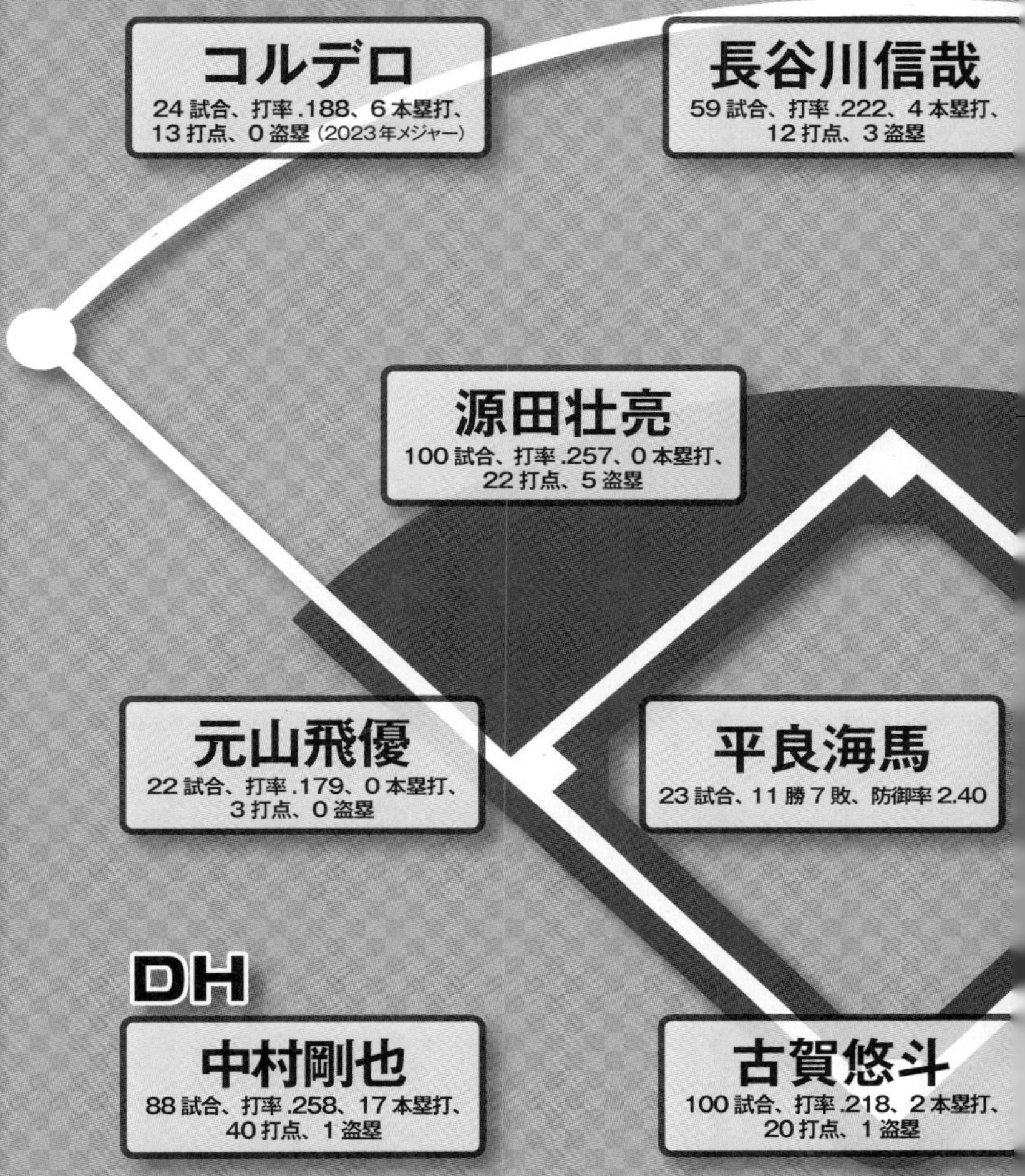

キースで45試合に登板したアブレイユ。「背番号54と同じくらいセーブを挙げたい」と意気込んでいる。

最大の課題は貧打に泣いた打線。チーム打率はリーグ5位。本塁打数はリーグで唯一100本を下回る90本、得点もリーグワーストとなった。新外国人ではヤンキースから来日したコルデロ、メジャー通算114本塁打のアギラーが長距離砲として期待通りに活躍すれば、一気に優勝候補に躍り出る可能性もある。

2019年に巨人へFA移籍した炭谷銀次朗が6年ぶりに古巣・西武に復帰した。松井監督もともにプレーしたベテラン捕手の加入は、若手捕手が多いなかで手本となるだろう。

松井監督は現役時代、西武黄金時代を支えた一人。並み居る偉大な先輩たちにその才能を生かしてもらった。名門出身で、天下人に重用された大大名・細川忠興のように、チームの隆盛を再び盛り上げてくれるはずだ。

Saitama Sei

北海道日本ハムファイターズ

就任3年目の新庄監督が背水の陣

王道のスタメン図

打順

1	スティーブンソン
2	松本剛
3	レイエス
4	マルティネス
5	万波
6	野村
7	石井
8	伏見
9	上川畑

2年連続最下位に沈んだが、オフに外国人6選手を大量補強。球団初のFA投手も獲得し、新庄監督が集大成。

新庄監督は就任1年目、チームをいったんゼロに戻し、2年目は選手の自主性に任せた。チームを耕して迎える就任3年目の今季は、最低でもクライマックスシリーズ進出を目標に勝利を追い求める。

新外国人を6人も獲得するなど戦力補強も本気だ。打線は、昨季チーム打率が12球団ワーストの打率2割3分1厘。出塁率もリーグ5位となった。そこで、メジャー108本塁打のレイエスを獲得。2019年にはパドレス、ガーディアンズで37本塁打。2021年にも30本塁打のパワーヒッターだ。DHで起用される見通しで、中心選手となった万波中正、野村佑希、清宮幸太郎との打線で現状をぶち破りたいところ。

HAM FIGHTERS

ここに注目!

主な先発ローテ

名前	左右	2023年成績
伊藤大海	右	24登板　7勝10敗 防御率3.46
山﨑福也	左	23登板　11勝5敗 防御率3.25
鈴木健矢	右	24登板　6勝4敗 防御率2.63
上原健太	左	19登板　4勝7敗 防御率2.75
加藤貴之	左	24登板　7勝9敗 防御率2.87

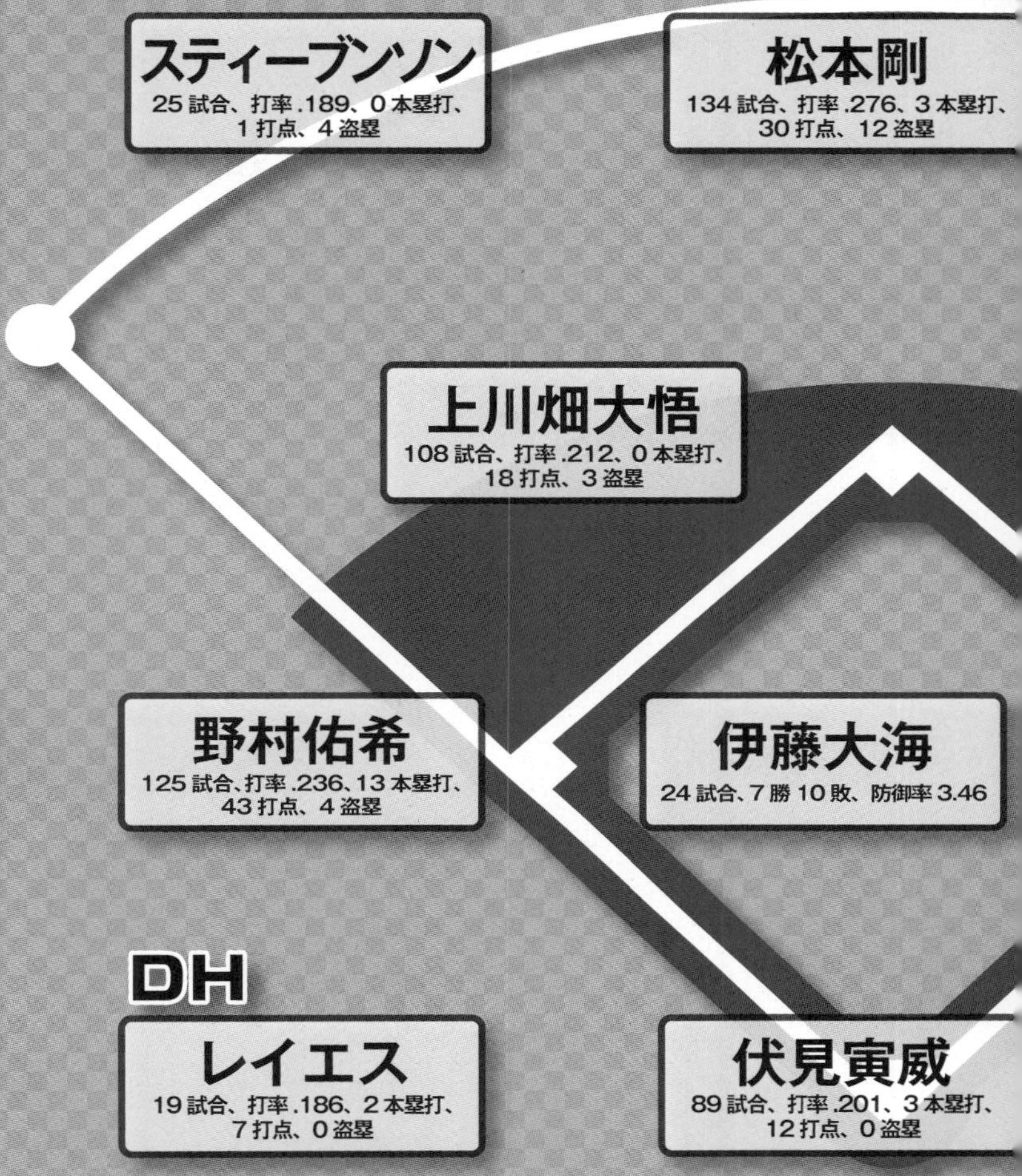

さらに注目!

今年達成されそうな記録

名前	内容
宮西尚生	通算400ホールドまで残り7
加藤貴之	通算1000投球回まで残り64.1

投手では、球団初のFA投手となった山﨑福也を争奪戦の末に獲得した。先発では開幕投手に指名された伊藤大海、左腕エース加藤貴之と三本柱となる。2022年に史上14人目の新人開幕投手を務めた北山亘基もおり、3年ぶりの日本ハム復帰となるバーヘイゲンは昨季カージナルスで60試合5勝1敗。防御率3・98で先発候補に挙げられており、日本の野球を熟知している強みを生かして活躍が期待される。

新庄監督はエンターテイナー魂を持ちつつ、野球に対しては真摯《しんし》に臨んできた。織田信長が義父の斎藤道三と初対面する直前、現在で言うところの「チャラい」服装を道三に目撃されたが、面会時はバリッと正装して登場。そのたたずまいに大きな器を感じ取った道三は、チャラい様子しか見ていない自身の家臣たちに「将来は信長に従う時がくる」と予言したという。信長的な新庄監督は今季、退任もかけて背水の陣。その覚悟を見届けたい。

HOKKAIDO NIPPON

2023年 セ・リーグ 順位表&タイトル獲得一覧

◆ セ・リーグ順位表 ◆

順位	球団	試合	勝	負	引分	勝率	ゲーム差	ホーム	ロード
1	阪神	143	85	53	5	.616	–	45-23-3	40-30-2
2	広島	143	74	65	4	.532	11.5	44-26-2	30-29-2
3	DeNA	143	74	66	3	.529	12	39-30-2	35-36-1
4	巨人	143	71	70	2	.504	15.5	39-30-2	32-40-0
5	ヤクルト	143	57	83	3	.407	29	36-36-0	21-47-3
6	中日	143	56	82	5	.406	29	30-39-3	26-43-2

◆ セ・リーグ タイトル獲得者 ◆

タイトル	選手	チーム	成績
首位打者	宮﨑敏郎	DeNA	.326
本塁打王	岡本和真	巨人	41本塁打
打点王	牧秀悟	DeNA	103打点
出塁率	大山悠輔	阪神	.403
安打数	牧秀悟	DeNA	164安打
	中野拓夢	阪神	164安打
盗塁	近本光司	阪神	28盗塁
最多勝	東克樹	DeNA	16勝
最優秀防御率	村上頌樹	阪神	1.75
最多奪三振	今永昇太	(DeNA)	174奪三振
最高勝率	東克樹	DeNA	.842
最多セーブ	岩崎優	阪神	35セーブ
最優秀中継ぎ	島内颯太郎	広島	42HP
MVP	村上頌樹	阪神	–
新人王	村上頌樹	阪神	–

※( )は当時所属。HPはホールドポイント

Central League

2023年 パ・リーグ 順位表＆タイトル獲得一覧

◆ パ・リーグ順位表 ◆

順位	球団	試合	勝	負	引分	勝率	ゲーム差	ホーム	ロード
1	オリックス	143	86	53	4	.619	―	41-28-3	45-25-1
2	ロッテ	143	70	68	5	.5072	15.5	42-28-2	28-40-3
3	ソフトバンク	143	71	69	3	.5071	15.5	39-32-0	32-37-3
4	楽天	143	70	71	2	.496	17	38-33-1	32-38-1
5	西武	143	65	77	1	.458	22.5	33-37-1	32-40-0
6	日本ハム	143	60	82	1	.423	27.5	31-40-0	29-42-1

◆ パ・リーグ タイトル獲得者 ◆

タイトル	選手	チーム	成績
首位打者	頓宮裕真	オリックス	.307
本塁打王	近藤健介	ソフトバンク	26本塁打
	G.ポランコ	ロッテ	26本塁打
	浅村栄斗	楽天	26本塁打
打点王	近藤健介	ソフトバンク	87打点
出塁率	近藤健介	ソフトバンク	.431
安打数	柳田悠岐	ソフトバンク	163安打
盗塁	周東佑京	ソフトバンク	36盗塁
	小深田大翔	楽天	36盗塁
最多勝	山本由伸	（オリックス）	16勝
最優秀防御率	山本由伸	（オリックス）	1.21
最多奪三振	山本由伸	（オリックス）	169奪三振
最高勝率	山本由伸	（オリックス）	.727
最多セーブ	松井裕樹	楽天	39セーブ
最優秀中継ぎ	L.ペルドモ	ロッテ	42HP
MVP	山本由伸	（オリックス）	―
新人王	山下舜平大	オリックス	―

※（ ）内は当時所属。HPはホールドポイント

Pacific League

巻末対談

WBC制覇の栗山監督は幕末の教育者「吉田松陰」？

WBC優勝監督の栗山監督はどの武将？

――2024年もプロ野球が始まっている。昨年との違いの一つは、選手の動きだ。オリックスから山本由伸がドジャースへ移籍し、DeNAの今永昇太、楽天の松井裕樹もそれぞれカブス、パドレスへ移籍した。日本ハムの上沢直之も結果次第で0か100かというマイナー契約でタンパベイ・レイズへ旅立った。

きっかけは昨年のWBC。ダルビッシュ、そして大谷翔平が日本代表に参加するとあって、日本中の注目が集まった。日本代表がSNSで代表チームが結束していく様子をアップしていたことで、WBC人気が徐々に加熱。そこで数々の名勝負を繰り広げると注目度は急激にアップ。連日、どの時間帯のテレビ番組でもWBCが話題となっていた。

トップ・オブ・トップのメジャーリーガーとNPBのスター選手たちが合体した侍ジャパン。招集の苦労もさることながら、チーム方針、自軍、敵軍の分析、選手のモチベーター、環境整備……。やらねばならぬことは膨大だ。選手の心をつかみ、短期間でチームをまとめた栗山監督は、果たしてどの武将に該当するのか。

栗山監督には教育者の側面がある

本郷　栗山監督はコツコツ努力をされてきた人だと思います。昔はどんな方だったのですか？　たとえば現役時代とか。

高木　当時の最先端を行く、いわゆる今風な若者だったような気がします。

本郷　野球の強豪大学とはいえない東京学芸大出身ですし、『ザ・野球選手』とは少し違っていた印象もあります。幕末の志士でいえば、沖田総司のような印象を受けます。栗山さんは確か、小学校から高校まで教職を持っていらっしゃるはず。

高木　大学でも講義していましたね。

本郷　数々のMLB史上初の記録を樹立し、昨年はア・リーグ本塁打王に輝いた大谷翔平選手（ド

◆WBC日本代表の軌跡◆				
年	日本代表の結果	最後の試合結果		
		勝敗	スコア	相手
2006	**優勝**	○	10-6	キューバ
2009	**優勝**	○	5-3	韓国
2013	準決勝敗退	●	1-3	プエルトリコ
2017	準決勝敗退	●	1-2	米国
2023	**優勝**	○	3-2	米国

ジャース）を育てましたし、栗山監督の言動を見ていると、教育者の側面も持っていますよね。だから吉田松陰はどうでしょう。高木さんの地元・山口県の人です。

高木　そうですね。栗山監督は映画「フィールド・オブ・ドリームス」を実現して、北海道栗山町に少年少女が野球ができる球場を自分でつくったくらいですから。教育者ですね。

――吉田松陰は長州藩、現在の山口県で下級武士の家に生まれた。養子に行った先の吉田家では兵法の師範を務める家柄で、松陰も厳しく育てられた。養父は早くして亡くなり、その後はおじに育てられた。このおじが指導していた塾が「松下村塾」であり、松陰は少年時代から才気を発揮し、13歳で対・西洋艦隊の演習を指揮するなど、長州藩の兵法師範として活躍した。黒船来航では現地を視察したり、舟で乗り込もうとする行動力で捕らえられたが、長州へ戻ると「松下村塾」で教育者として活動していった。

門弟のなかには高杉晋作、伊藤博文、山縣有朋ら幕末から明治維新にかかわった人物が多数。安政の大獄で亡くなったが、多くの人材を輩出した人物だ。

第3回大会の山本監督は勇猛果敢な柴田勝家

――WBCは昨年で第5回。過去を振り返ると、2006年第1回は王監督、2009年第2回は原監督が日本代表を率いて優勝を飾った。巻頭対談で王監督は「宮本武蔵」にたとえている。当時は大会初開催であり、現在のような詳細なデータがあまりなかった時代。力量が把握できない相手を向こうに采配を振るい、毅然として球審に「世紀の誤審」を抗議した。宮本武蔵は生涯で60試合以上、真剣による勝負をしたといわれる。WBCのような短期決戦は真剣と真剣で探り合い、一瞬一瞬で

◆日本代表の軌跡◆

年	大会	監督	結果
2004	アテネ五輪	長嶋茂雄 中畑清	銅メダル
2006	**第１回WBC**	**王貞治**	**優勝**
2008	北京五輪	星野仙一	３位決定戦敗退
2009	**第２回WBC**	**原辰徳**	**優勝**
2013	第３回WBC	山本浩二	準決勝敗退
2017	第４回WBC	小久保裕紀	準決勝敗退
2021	**東京2020五輪**	**稲葉篤紀**	**金メダル**
2023	**第５回WBC**	**栗山英樹**	**優勝**

※五輪はプロのみが出場するようになった2004年アテネ五輪以降を掲載。太字は優勝

左から宮本武蔵、今川義元、柴田勝家、吉田松陰

決断することが必要であり、監督はある意味、武士のように真剣で命のやりとりをしているのかもしれない。

巻頭対談では、第2回大会の原監督は領地を拡大した名将の今川義元、第4回大会の小久保監督は今季ソフトバンクのチーム再建をすることから徳川家光とした。第3回大会の山本浩二監督については本郷教授の指名により、勇猛で名高く情に厚い柴田勝家が武将候補に。こうしてパズルをしていくと、武将と監督には共通点がある。

「指導者は人間力を鍛えないといけない」

本郷　指導者はやっぱり人間力を鍛えないといけないのですね。野球の技術だけあればいいというものではなくて。

高木　僕たちも若い選手を育てるときは、やっぱりあいさつから教えます。イチからですが、大事なことです。同じことを何度も繰り返すことになりますが、それでも教えていくのです。

本郷　高木さんは中央大学時代、キャプテンをやっていらっしゃったでしょう。コーチをされていた時期は、キャプテンの経験が生きていらっしゃったんですか。

高木　学生時代はやんちゃなヤツらをまとめなきゃいけなかったので、別の大変さがありました（笑）。指導者として必要なことや考え方はプロになってから勉強したことのほうが大きいと思います。

――最後に、高木氏の夢を聞いた。

高木　この前、ダルビッシュ投手に会いに米国サンディエゴに行ってきたんですよ。それで、彼には『メジャーで日本人初の監督になってほしい』という話をしてきました。そのあと日本に帰ってきて、将来的にNPBのコミッショナーになってほしいなあ。

――ダルビッシュ、大谷を武将にたとえるとしたら……彼らが年輪を重ねていつかどこかで監督になったとき、きっと味わいのある武将になっていることだろう。

（著者）
高木 豊（たかぎ・ゆたか）
1958年10月22日生まれ、山口県出身。多々良学園高校（現・高川学園高校）−中央大学。80年ドラフト3位で大洋入団。84年盗塁王。俊足選手「スーパーカートリオ」の1番打者として活躍。94年日本ハム移籍、同年引退。2001年横浜、04年アテネ五輪日本代表で内野守備走塁コーチ、12年DeNA一軍ヘッドコーチのほか、野球解説者、YouTuberとしても活躍。

本郷和人（ほんごう・かずと）
1960年生まれ、東京都出身。東京大学史料編纂所教授。東京大学・同大学院で石井進氏、五味文彦氏に師事し日本中世史を学ぶ。史料編纂所で『大日本史料』第五編の編纂を担当。著書に『日本史のツボ』（文春新書）、『乱と変の日本史』（祥伝社新書）、『日本中世史最大の謎！ 鎌倉13人衆の真実』（宝島社）、『恋愛の日本史』（宝島社新書）ほか多数。

阪神タイガース岡田監督は武田信玄タイプの采配！
もしプロ野球監督が戦国武将だったら

2024年4月26日　第1刷発行

著者　高木 豊、本郷和人
発行人　関川 誠
発行所　株式会社 宝島社
〒102-8388 東京都千代田区一番町25番地
電話（営業）03-3234-4621　電話（編集）03-3239-0927
https://tkj.jp
印刷・製本　中央精版印刷株式会社

Printed in Japan
ISBN978-4-299-05397-8